HEJ.

HEJ.

SKANDI-CHIC

Super cosy – Kleidung nähen für kältere Tage

HEJ.

SKANDI-CHIC

Super cosy – Kleidung nähen für kältere Tage

In den **Größen 34–44**
Mit **6** Schnittmusterbogen

EMF
EIN BUCH DER
EDITION MICHAEL FISCHER

Anja Roloff

INHALT

GRUNDLAGEN

NÄH-BASICS

PROJEKTE

VORWORT

Hej! Du hältst mein drittes Buch in den Händen – juhu!

Die beiden ersten Bücher haben ihren Fokus auf luftiger Sommerkleidung aus Leinen und Musselin. Mit Buch Nummer 3 schließe ich nun die winterliche Lücke im skandinavischen Kleiderschrank.

Es wird weich, wollig und wunderschön!

Die Kleidungsstücke, die du mit Hilfe dieses Buches nähen kannst, sind zwar zumeist langärmelig, aber dennoch vielfältig: vom einfachen Basicshirt, welches man solo oder noch besser unter der Weste tragen kann, bis hin zum Parka gibt es einiges zu entdecken. Schnitte mit vier Teilen und Schnitte mit über 20 Teilen – für jedes Nähzeitfenster und für jedes Nählevel ist etwas dabei.

Und wo ist die kühle Jahreszeit am schönsten? Genau, an der Nähmaschine – also ran an den Stoff!

Hab' Spaß beim Nähen, freue dich an den Materialien und sei stolz auf dich, wenn du deine selbstgenähten Teile das erste Mal trägst!

Zeig mir gerne, was du genäht hast! Ich bin wahnsinnig gespannt, welche Modelle du aus welchen Stoffen genäht hast, und freue mich auf Inspiration.

Verlinke @aennisews auf Instagram oder benutze die Hashtags #hejSkandiChic #hejSkandiChicÄnni

GRUNDLAGEN

KLEINE STOFFKUNDE

Die wichtigsten Stoffqualitäten, die in diesem Buch zum Einsatz kommen, stell ich euch auf den nächsten Seiten vor. Natürlich gibt es viele mehr, aber die folgenden Stoffe habe ich für die Modelle genutzt, empfehle sie als Alternative oder finde sie einfach nur großartig!

BAUMWOLLWEBWARE

ist ein Sammelbegriff für alle einfachen Webwaren aus (meistens 100 %) Baumwolle. Patchworkstoffe und alle einfachen Webstoffe aus Baumwolle findet man in den meisten Onlineshops unter Baumwollwebware. Manchmal auch unter Baumwolle, was aber eigentlich irreführend ist.

CANVAS/SEGELTUCH

ist für seine robusten und scheuerbeständigen Eigenschaften bekannt. Das Gewebe ist aus Baumwolle, Leinen oder Hanf, manchmal wird eine Kunstfaser hinzugezogen. Canvas eignet sich nur bedingt für Kleidung, für Jacken kommt er durchaus in Frage.

CHAMBRAY

ist ein Baumwollstoff mit unterschiedlich farbigen Schuss- und Kettfäden, wodurch er Denim sehr ähnlich sieht. Er fühlt sich aber meistens deutlich weicher an und ist leichter. Ich finde, er ist vielfältiger einsetzbar und im Gegensatz zu Jeans auch für weitere Oberteile und Kleider gut geeignet.

CORD

wird aus Baumwolle mit eventueller Ergänzung durch Polyester oder Elasthan (Stretchcord) hergestellt. Der Schussfaden bildet beim Weben den Flor und damit die Streifenrichtung. Cord hat also eine Strichrichtung, die beim Zuschnitt unbedingt beachtet werden muss. Stretchcord kann durchaus sehr dehnbar sein und eignet sich so zum Beispiel auch für Leggings. Ich denke allerdings bei Cord immer an die nicht dehnbare Qualität der Cordhosen in Dunkelblau und Dunkelrot aus den 1980er-Jahren und vergesse dabei, wie vielfältig Cord sein kann.

DENIM/JEANS

ist ein Baumwoll-/Hanffaserstoff, der in Köperbindung gewebt wird. Die Kettfäden werden dabei mit Indigo gefärbt, die Schussfäden (das sind die quer verlaufenden Fäden) bleiben in ihrem Naturton.
Die Fäden werden nur oberflächlich und nicht ganz durchgefärbt, weshalb man Denim gut aufhellen und den typischen Used-Look erzielen kann.

DOUBLE GAUZE UND TRIPLE GAUZE

wird oft mit Musselin gleichgesetzt, ist aber immer zwei- oder dreilagig. Die Stofflagen sind punktuell miteinander verknüpft, wodurch sich zwischen den Stoffen Luftkammern bilden, die so die typische wellige Oberfläche ergeben.

FUTTERTAFT/FUTTERSTOFFE

Meistens aus 100 % Acetat oder anderer Kunstfaser. Das Futter bei Jacken und Mänteln soll nicht nur hübsch aussehen, sondern hat auch einen praktischen Nutzen: Dank des „fies-rutschigen" Futterstoffs flutscht es besser beim Anziehen! Lange Ärmel schieben sich nicht unangenehm nach oben, weil sie, dank Futter, nicht am Jackenärmel hängenbleiben, und auch beim Gehen klettert der Mantel nicht am Bein nach oben.

GEWACHSTE BAUMWOLLE/OILSKIN

Unter dem Namen Oilskin bekannt, sind gewachste Baumwollstoffe nicht mehr aus der Nähszene wegzudenken. Das perfekte Material für Taschen und Jacken ist leicht zu vernähen, man muss aber ein paar Punkte beachten: Waschmaschine, Trockner und Bügeleisen sind laut Hersteller nichts für den Oilskin. Ich bügle trotzdem ganz vorsichtig mit Backpapier. Das Backpapier muss dabei aber, ganz wichtig, auf beide Seiten des Stoffs: Wird das Fett im Stoff warm, tritt es aus und würde natürlich am Bügelbrettbezug hängen. Die Knicke, die der Oilskin naturgemäß durch seine gewachste Oberfläche leicht bekommt (und die durchaus erwünscht sind!), lassen sich durch Wärme etwas reduzieren. Achtung mit Sonne und (Sitz-)Heizung – auch diese Wärmequellen sollten nicht zu sehr ins Spiel kommen. Oilskin wird, wie alle beschichteten Stoffe, nicht gesteckt, sondern geklammert. Wer keine Stoffklammern hat, steckt vorsichtig innerhalb der Nahtzugabe, denn die Löcher bleiben leider im Stoff.

INTERLOCK-JERSEY

ist eine besonders strapazierfähige Jersey-Art. Dies liegt an der speziellen Doppelstricktechnik, bei der die Fasern reißfest und formbeständig zu einer geschlossenen Oberfläche verarbeitet werden. Sie ergibt zudem zwei rechte Seiten. Interlock rollt sich, im Gegensatz zu Single Jersey, nicht ein und wird am besten mit einer Jerseynadel vernäht – sie hat eine abgerundete Spitze, wodurch die feinen Maschen nicht beschädigt werden.

(SINGLE) JERSEY AUS BAUMWOLLE

ist eine leichte, weiche und elastische Maschenware. Er wirkt ähnlich einem Gewebe mit leichter Rippenmusterung und die Dehnbarkeit unterscheidet sich stark, je nach Elasthananteil. Es gibt auch Jersey aus 100 % Baumwolle, dieser ist durch seine Herstellungsart (gestrickt und nicht gewebt) natürlich trotzdem dehnbar, kommt aber nicht so gut in seine Ursprungsform zurück. Beim Single Jersey rollen sich die Schnittkanten ein, was Nähanfänger*innen oft vor eine Herausforderung stellt.

LEINEN UND HALBLEINEN

Leinen hat eine unregelmäßige Struktur und kleine Knötchen im Gewebe, seine Oberfläche ist also nie ganz glatt. Es ist atmungsaktiv, kühlend und trotzdem blickdicht. Außerdem ist es formstabil und nicht dehnbar. Dadurch lässt es sich sehr leicht verarbeiten, knittert allerdings beim Tragen auf Grund der fehlenden Elastizität. Man kann sich aber mit dem Spruch „Leinen knittert edel" über diese Eigenschaft sehr gut hinwegtrösten!

MUSSELIN

ist ein lockeres Baumwollgewebe in Leinwandbindung. Beim Waschen läuft Musselin bis zu 30 % ein, erhält dabei aber seine typische Krinkel-Optik.

POPELINE

ist in den meisten Fällen Baumwollwebware in klassischer Leinwandbindung mit dichter feiner Kette gewebt. Die Schussfäden, also die quer verlaufenden Fäden, sind etwas dicker. So ergibt sich ein robusteres Gewebe als bei einfacher Baumwollwebware. Genähte Stücke aus Popeline haben also etwas mehr Stand.

SOMMERSWEAT/FRENCH TERRY

Diesen Sweat erkennt man an der frotteeartigen Rückseite mit den Schlaufen. French Terry besteht meistens aus Baumwolle mit Elasthananteil und ist saugstark und dehnbar.

TIPP:

Egal welche Stoffart, wenn das genähte Teil später gewaschen werden soll, sollte der Stoff vor dem Vernähen so gewaschen und getrocknet worden sein, wie er auch später gehandhabt wird. Neben dem möglichen Schrumpfen von Baumwollstoffen sorgt dies auch dafür, dass Chemikalien von der Herstellung nicht auf der Haut, sondern im Abwasser landen. Apropos, nutze für Chemiefasern ein spezielles Wäschesäckchen. Nicht die, mit denen man die Kleidungsstücke vor der Waschmaschine schützt, sondern eins, das Mikroplastik zurückbehält und nicht ins Abwasser abgibt. Außerdem bluten viele Stoffe aus und es wäre jammerschade, wenn zum Beispiel bei einem Colour-Blocking-Teil ein dunkler Stoff auf einen hellen abfärbt.

STRICKSTOFFE

sind industriell an der Maschine hergestellte Maschenwaren. Durch verschiedene Herstellungsarten ergeben sich unterschiedliche Eigenschaften und verschiedenste Designs. Von weich fließendem Feinstrick bis hin zum groben Zopfmuster ist vieles möglich.

SWEAT

wird wie Jersey gestrickt, allerdings läuft bei der Herstellung von Sweat ein Futterfaden an der Rückseite mit, der für die Dicke des Stoffs sorgt. Im Idealfall wird Sweat aus Baumwolle oder Modal hergestellt, es gibt aber natürlich auch Stoffe mit einem hohen Polyesteranteil. Bei angerauter Rückseite spricht man oft von Winter- oder Kuschelsweat.

VISKOSEJERSEY/MODALJERSEY

Wie beim Baumwolljersey gibt es hier auch viele unterschiedliche Qualitäten und anfassen ist besser, als auf gut Glück zu kaufen. Grundsätzlich sind sowohl Viskose- als auch Modaljersey meist glatter und oft dünner als Baumwolljersey. Sie fallen weicher, ja, einfach gefälliger und ihre Oberfläche sieht etwas feiner aus.

WAFFELPIQUÉ

ist ein (Baumwoll-)Gewebe mit dreidimensionaler Struktur. Durch seine Dicke wird Waffelpiqué gerne anstelle von Frottee bei allen Arten von Heimtextilien verwendet. Er eignet sich aber auch für Kleidung abseits von Bademänteln und Sauna-Accessoires!

KEINE ANGST VOR STRICKSTOFFEN

Wenn man ein paar Kleinigkeiten beachtet, ist das Nähen von Strickstoffen ganz einfach. Auch richtig voluminöse Stoffe wie Grobstrick lassen sich so gut verarbeiten – sie sind auch viel zu schön, als dass man sie aus Sorge vor der komplizierten Verarbeitung außen vor lassen sollte.

Wir starten mit dem Zuschnitt. Ich bin ja sowieso Fan des Rollschneiders, bei dickem Strick hat er gegenüber der Schere aber definitiv die Nase vorn. Vor allem, weil der Stoff beim Zuschnitt ganz locker ohne Spannung liegen muss und nicht gezogen werden soll. Ist der Zuschnitt gemacht, sollten alle schrägen Kanten und Rundungen von links mit Nahtband verstärkt werden. Bei wirklich grobem Stoff kann es, ähnlich wie bei Webware, helfen, die einzelnen Schnittteile nochmal zu versäubern. So können sich die einzelnen Maschen nicht aufribbeln.

Am besten näht es sich mit der Overlock und etwas erhöhtem Differentialtransport. So wird der Stoff nicht gedehnt und wellt sich nicht. Beim Nähen mit der Haushaltsnähmaschine sollte der Nähfüßchendruck reduziert werden. Verwendet unbedingt Jerseynadeln, um den Strick nicht zu beschädigen. Ich teste bei allen Stoffen die Einstellungen meiner Maschine vorab an einem Reststück.

AUS DEM NÄHKÄSTCHEN GEPLAUDERT

Was muss dringend ins Nähkästchen, und was ist nur darin, weil es schon immer darin war?

Hier kommen ein paar Helferchen, die in jedes gut sortiere Nähkästchen gehören. Oder daneben.

SCHEREN

Ich bin zwar ganz klar im Team Rollschneider, an einer guten Stoffschere führt aber kein Weg vorbei. Statt meiner schweren Stoffschere stehe ich gerade eher auf dieses recht leichte Modell (siehe Foto). Welcher Scherentyp euer Favorit ist, ist egal, solange er gut schneidet.

ROLLSCHNEIDER MIT ERSATZKLINGEN

Nichts schneidet schneller als der Rollschneider – vorausgesetzt er kommt mit einer frischen Klinge daher.

SCHNEIDELINEAL UND SCHNEIDEMATTE

Für Rollschneiderbesitzer*innen ein Muss: die Schneidematte. Schrägband, Bündchen und gerade Schnittteile werden mit Lineal, Rollschneider und Schneidematte am besten zugeschnitten.

NADELN UND KLAMMERN

Feine Stoffe stecke ich, grobe oder solche, die keine Einstiche verzeihen, werden geklammert. Nadel ist hierbei auch nicht gleich Nadel, es gibt sie in den verschiedensten Stärken und mit diversen Köpfchen von Glas über Kunststoff bis hin zu Stahl.

NADELARMBAND ODER NADELSAMMLER

Erst dachte ich, dass ich diesen „Schnickschnack" nicht brauche. Aber wie praktisch ist bitte so ein Teil direkt an der Nähmaschine, wenn man das eigentliche Nadelkissen am Schneidetisch vergessen hat?

NÄHMASCHINENNADELN

Unterscheiden sich in Nadelstärke und auch Art. Die Nadelspitzen der verschiedenen Sorten von Universal über Jeans und Leder bis Microtex sind unterschiedlich, um perfekt in den jeweiligen Stoff zu gleiten, ohne ihn mehr als nötig zu beschädigen. Die falsche Nadel schadet dem Stoff.

HANDNÄHNADELN UND STOPFNADEL

Handnähnadeln brauchen wir natürlich, um Fäden zu vernähen. Mit der Stopfnadel ziehe ich die Raupe der Overlockmaschine in die Naht und forme auch mal eine Ecke aus.

SICHERHEITSNADELN

kann man immer gebrauchen. Am Nähtisch wahrscheinlich am häufigsten zum Einziehen von Gummis.

TRICKMARKER/SCHNEIDERKREIDE

Um Markierungen bei einfachen Schnitten zu übertragen, versehe ich den Stoff in der Nahtzugabe gerne mit Knipsen, kleinen Einschnitten. Benötige ich Markierungen innerhalb der Schnittteile, nutze ich Trickmarker oder Schneiderkreide.

ETIKETTEN

Webetiketten für das gewisse Etwas gehören bei mir eigentlich an jedes Nähstück. So ein kleiner Hingucker oder ein lustiges Sprüchlein mag ich ganz gerne. Und auch kleine Fehler sind in der Vergangenheit schon unter einem Etikett verschwunden.

HEBAMME/HÖHENAUSGLEICH

Den Höhenausgleich braucht man, um mehrere Schichten Stoff sauber zu nähen: Durch ihn kommt der Nähmaschinenfuß wieder parallel zur Stichplatte auf dem Stoff zum Liegen.

KANTENFORMER

Gönnt euch so ein schickes Teil, statt weiter eure Stricknadeln oder stumpfen Bleistifte zum Ausformen der Ecken zu nutzen! Ich muss zugeben, ich habe das lange Jahre so gemacht und dieses Holzstück war wirklich ein Upgrade!

ROLLMAß/MAßBAND

Wer Kleidung näht, sollte seine Maße kennen. Zum einfachen Vermessen einfach mit einer Freundin treffen und gegenseitig messen. Nebenher können noch ein paar Nähpläne geschmiedet werden.

HANDMAß

Schnell mal einen Saum umschlagen, die Nahtzugabe oder den Knopfabstand kontrollieren? Das Handmaß liegt griffbereit neben der Nähmaschine.

FADENSCHERE

Die am häufigsten genutzte Schere in meinem Nähzimmer!

NAHTTRENNER

Der Nahttrenner ruft oft ambivalente Gefühle in uns hervor: Man kann schlecht ohne ihn, möchte ihn aber eigentlich gar nicht benutzen. Aber was sein muss, muss sein und dieser Hashtag bringt es auf den Punkt: #TrennenStattFlennen!

GARN

Investiert in Markengarn, die Anschaffung lohnt sich. Ich habe lange alte Garne verwendet oder günstige No-Name-Produkte gekauft und mich oft über brüchige Nähte und gerissene Fäden geärgert. Ausgemusterte Garne bitte nicht wegwerfen, sondern künftig einfach für Fadenbilder, Tasseln oder Ähnliches verwenden. Verschiedene, für mich wichtige, Garnqualitäten habe ich auf Seite 18 gesammelt, denn Garn ist nicht gleich Garn!

UNSICHTBARE HELFER

BÜGELEINLAGE

Unter dem Handelsnamen Vlieseline findet man die bekannte Bügeleinlage. Sie ist in Schwarz oder Weiß erhältlich, wird entsprechend der Anleitung aufgebügelt und verleiht dem Schnittteil mehr Stabilität. Ganz korrekt wird sie so verwendet, dass das zu verstärkende Stück grob aus Oberstoff ausgeschnitten wird, dieser dann bebügelt und danach ganz genau ausgeschnitten wird. Wer mich kennt und dieses Buch aufmerksam liest, wird schnell sehen, dass ich es selten so genau nehme, meine Bügeleinlage auch mal aus Resten stückle oder nur Teile bebügle. Ihr dürft euch aber gerne an die korrekte Vorgehensweise halten. Es ist schwer, im Projektteil bei den Stoffempfehlungen genaue Angaben zur Einlage zu machen. Zu unterschiedlich sind die Vorlieben und zu unterschiedlich sind die Stoffe, die unter demselben Namen und derselben Qualität verkauft werden. Die eine mag einen festen Kragen, die andere stört sich nicht daran, wenn er ein bisschen hängt, und ich gehöre eher zu den ganz pragmatischen Näher*innen: Ich nutze oft einfach die Einlage, die ich da habe. Wer sich nicht überraschen lassen will, macht einfach mit Stoffresten und Einlagen die Probe. Welche Einlage und welcher Stoff verhalten sich so, wie es für das entsprechende Projekt gewünscht ist? Bedenkt hierbei, dass ein großes Stoffteil immer deutlich weicher und anschmiegsamer ist als ein kleines Stückchen mit geringem Eigengewicht. Beim Verstärken von Knopfleisten geht es mir in erster Linie darum, dass die Knöpfe nicht ausreißen und die Knopflöcher sauber genäht werden können. Gerade bei Strickstoffen ist ein Knopfloch daher ein perfekter Test bei der Suche nach der perfekten Einlage.

NAHTBAND

Vor allem schräg im Fadenlauf verlaufende Kanten können leicht ausleiern. Um dies zu verhindern, kann man Nahtband aufbügeln. Wer sich die Anschaffung sparen möchte, kann statt des Nahtbands auch dünne Streifen Vlieseline auf die linke Seite der Nahtzugabe bügeln. Auch bei Musselin in Verbindung mit Schnitten, die sehr auf die richtige Passform abzielen, kann Nahtband helfen, die Nähte in Form zu halten. Für meine eher lockeren Schnitte verwende ich es jedoch eher selten – außer bei Strickstoffen natürlich.

GARN UND MEHR

Möglicherweise habe ich eine kleine Schwäche für Nähgarne. Wenn sie farblich perfekt zum Stoff passen, sieht es schön harmonisch aus, sucht man ein Garn in Kontrastfarbe aus, schafft man einen Hingucker – es kann also gar nichts schiefgehen.

Ganz anders sieht es bei der Qualität aus: Hochwertig sollte das Garn immer sein, aber bei der Qualität gibt es einiges zu beachten. Nicht jedes Garn ist für jede Verwendung geeignet. Neben speziellem Stickgarn, welches aus Polyester ist und sich meist durch besonders schönen Glanz auszeichnet, gibt es zum Beispiel reines Baumwollgarn, welches dann eben auch die Eigenschaften von Baumwolle hat. Von extra festem Jeansgarn oder besonders robustem, dickem Garn will ich gar nicht erst anfangen, es gibt jede Menge unterschiedliche Arten für die einzelnen Nähbereiche. Wovon man sich aber auf jeden Fall ein paar mehr Farben kaufen kann, ist der klassische „Allesnäher". Hier ist der Name Programm – das Garn eignet sich für alle Näharbeiten. Ich nutze außerdem regelmäßig das Garn „Seraflex" von Mettler. Es ist leicht elastisch, kann aber ganz normal auch auf die Spule gewickelt werden – es ist also kein Gummifaden, wie er zum Raffen verwendet wird. Durch die leichte Elastizität ist auch eine Naht, die mit dem Geradstich genäht wurde, leicht dehnbar. Wer Kinder hat, die ihre Kleider nicht immer sanft behandeln, wird es zu schätzen wissen und auch für den „Streberstreifen" (siehe Seite 26) ist es perfekt.

Wichtig ist, dass das Garn zum Stoff und der Anwendung passt. Mit dem extradicken Jeansgarn kann man nicht nur eine besonders haltbare Hose nähen, sondern auch auffällige Ziernähte an Taschen setzen – ein feines Viskosekleidchen möchte damit aber nicht genäht werden. Reines Baumwollgarn ist eine feine Sache, wenn man beispielsweise Accessoires näht, die aus nicht vorgewaschenen Baumwollstoffen gemacht sind. Decken zum Beispiel. Hier schrumpfen dann sowohl Garn als auch Stoff. Baumwollgarn hat aber Schwächen, wenn es an die Haltbarkeit geht. Viele Wäschen setzen ihm zu, weshalb Nähte an der Lieblingskleidung brüchig werden könnten.

HILFREICHES ZUBEHÖR

Und, ganz wichtig, guckt hin und wieder ins Zubehörkästchen der Nähmaschine. In ihm verbergen sich Hilfsmittel, die unmittelbar mit der Garnauswahl zusammenhängen und euch das Leben, beziehungsweise das Nähen, leichter machen. Diese kleinen Plastikscheiben, oft mit einem Schaumstoffpolster auf einer Seite, halten die Garnrolle perfekt an ihrem Platz. So kann sich das Garn auch beim sportlichen Tritt auf das Nähpedal schön gleichmäßig abwickeln.

Als Nähanfängerin wunderte ich mich sehr über diese feinen Kunststoffnetze, die im Zubehörfach meiner Maschine lagen. Ich dachte wirklich, dass es sich hierbei um die Verpackung eines anderen Teils handeln muss. Fast hätte ich sie entsorgt ... Das wäre schade gewesen, denn natürlich habe ich später herausgefunden, dass ich sie bei besonders glattem Nähgarn über die Spule ziehen sollte. So wickelt sich der Faden nach oben oder zur Seite, aber nicht nach unten auf die Garnhalterung ab.

Wer sich über ein nicht so schönes Stichbild wundert, sollte nachsehen, ob diese kleinen Hilfsmittel vielleicht Besserung verschaffen und ob die Nadel und das Garn zum gewählten Stoff passen.

NÄHMASCHINENFÜßCHEN

Ich zeige hier die Füßchen, mit denen ich die Modelle in diesem Buch genäht habe. Da ich eine Overlockmaschine besitze, fehlt im Bild der Overlockfuß. Diesen empfehle ich euch aber, wenn ihr nicht auf eine Ovi zurückgreifen könnt. Und auch in diesem Band meiner Skandi-Chic-Reihe gilt: Jedes Modell kann auch mit der Haushaltsnähmaschine und dem Standardfüßchen genäht werden. Das Nähen ist mit den hier gezeigten Hilfsmitteln nur deutlich komfortabler.

Das Standardnähfüßchen ist der Allrounder: Zickzack, Geradstich – es kann alles. (Nr. 1C)

Das Schmalkantfüßchen liebe ich einfach! Es hat eine Führung, mit der man ganz einfach in der „Spur" bleibt beim Absteppen. (Nr. 10C)

Blitzschnell nähe ich Knopflöcher mit dem Knopflochschlitten. Das Knopflochnähfüßchen garantiert mir gleichmäßige Knopflöcher mit exakter Größe und die „Löcher" nähen sich damit wie von selbst. Und das schreibe ich, obwohl ich auch jahrelang größten Respekt vor Knopflöchern hatte! (Nr. 3A)

Das wohl „unnötigste" Füßchen dieser Sammlung: das Knopfannähfüßchen. Nice to have, aber so extrem viel schneller geht es mit diesem Helferchen auch wieder nicht. Wenn ihr euch entscheiden müsst und auf Handnähen steht: Kauft lieber das Schmalkantfüßchen und verzichtet auf den Knopfannäher! (Nr. 18)

Zum Reißverschlussfüßchen muss ich wahrscheinlich nichts sagen. Man kommt mit ihm schön dicht mit der Nadel an die Reißverschlussraupe ran und kann Reißverschlüsse leichter einnähen. (Nr. 4)

3A

NÄH-BASICS

ÄRMEL EINNÄHEN

Hier zeige ich die einfachste und gerade für Nähanfänger*innen am erfolgversprechendste Variante, einen Ärmel einzunähen, mal ganz ausführlich. Natürlich ist es ebenfalls erlaubt, erst die Seitennähte an Oberteil und Ärmel zu schließen und diesen dann ins Armloch zu stecken, um ihn einzunähen.

1. Achte auf die Knipse an den Schnittteilen. Sollte kein Knips vorhanden sein, markiere, welche Seite nach vorne und welche nach hinten kommt. Ich knipse meistens ein kleines „v" an die Vorderseite des Ärmels. Außerdem ist der Schulter- oder der Nahtpunkt oben an der Armkugel im Schnitt eingezeichnet.

2. Die Schulternähte von Vorder- und Rückteil sind schon rechts auf rechts geschlossen. Nun kannst du den passenden (!) Ärmel an den Knipsen rechts auf rechts aneinanderstecken. Da die beiden Rundungen nicht wirklich aneinanderpassen, hilft es, das Nähstück ein wenig in die spätere Position des Ärmels zu legen.

3. Nähe den Ärmel ein und achte unbedingt auf die Schulternaht. Sie soll in die gleiche Richtung zeigen wie beim Halsausschnitt!

4. Und schon ist der Ärmel drin! Jetzt muss nur noch die Seitennaht rechts auf rechts von Ärmelsaum bis Saum geschlossen werden.

BÜNDCHEN NÄHEN

Mit dem Bündchen wird ein Hals-, Arm- oder Beinabschluss geschaffen. Im Normalfall ist das Bündchen kürzer als die Strecke am Nähstück und muss so gedehnt werden, dass die Mehrweite des Nähstücks gleichmäßig aufs Bündchen verteilt wird. Wie das geht, zeige ich hier am Beispiel des Armbündchens.

1. Als Erstes wird das Bündchen zum Ring geschlossen. Dazu wird es rechts auf rechts gelegt und an der kurzen Seite zusammengenäht.

2. Die Naht wird auseinandergestrichen, bestenfalls sogar gebügelt. Nun wird es in der Hälfte links auf links zusammengefaltet. In vielen Schnittmustern ist dieser Umbruch eingezeichnet.

3. So nimmst du das Bündchen und steckst es mit der offenen Seite nach vorne über den Ärmel. Ärmelsaum und offene Seite des Bündchens liegen aufeinander. Achte darauf, dass die Naht des Bündchens und die Naht des Ärmels sich treffen.

4. Beim Nähen dehnst du das Bündchen gerade so weit, dass es der Länge der zuvor abgesteckten Stoffstrecke am Ärmel entspricht. Dehne nur das Bündchen, nicht den Ärmel. Nach dem Wenden kann es gegebenenfalls noch von rechts knappkantig abgesteppt werden.

HALSBÜNDCHEN MIT STREBERSTREIFEN NÄHEN

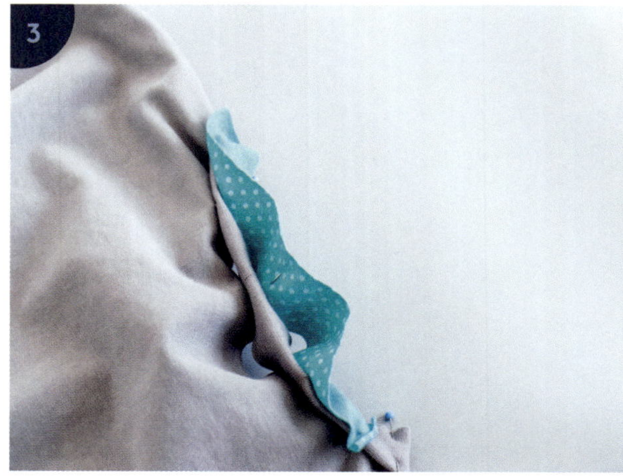

Der Streberstreifen, eigentlich Bündchenversäuberungsstreifen genannt, verdeckt die Naht. Dabei ist es egal, ob es sich um die Overlocknaht oder die Nähmaschinennaht handelt. Verdeckt ist verdeckt. Du brauchst für den Streberstreifen ein Stück Jersey, maximal so lang wie die Strecke des Ausschnitts am Rückteil, die wir verdecken wollen.

1. Die Schulternähte des Oberteils sind geschlossen. Das Bündchen ist zum Ring geschlossen.
2. Stecke das Bündchen gleichmäßig gedehnt an den Ausschnitt. Bis hierher ist alles wie immer.
3. Nun kommt der Streifen ins Spiel, der später die Naht verdecken soll. Er ist ungefähr 2 cm breit. Gehe hier lieber auf Nummer sicher, denn nachträglich abschneiden geht immer. Der Streifen wird rechts auf rechts an den hinteren Ausschnitt gesteckt. Er ist dabei höchstens ganz leicht gedehnt.

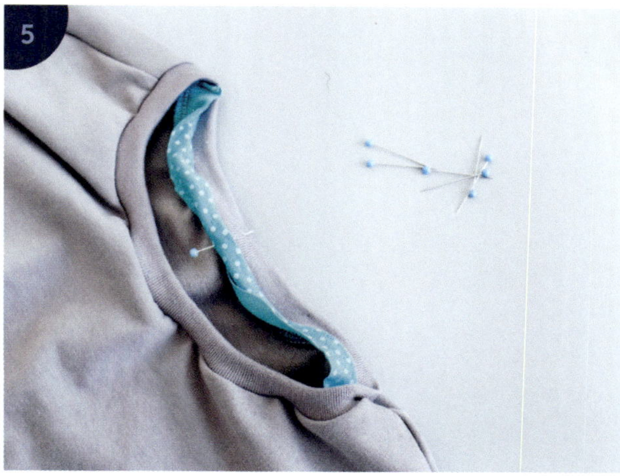

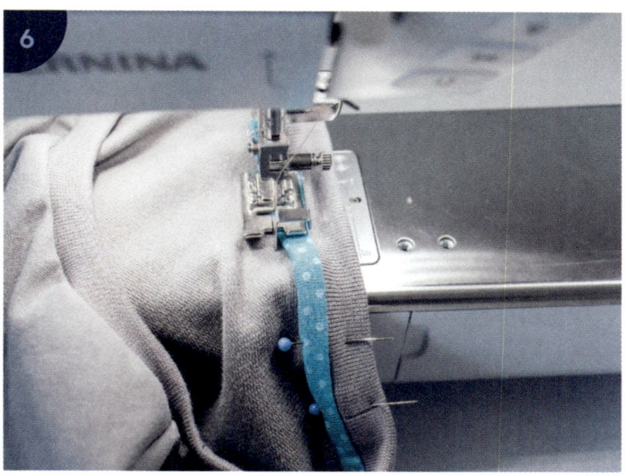

4. Das Bündchen wird unter Dehnung angenäht, der Jerseystreifen wird dabei mitgefasst. So sieht der Ausschnitt jetzt aus.

5. Der Versäuberungsstreifen wird jetzt einmal um die Naht geschlagen und festgesteckt.

6. Mit dem Schmalkantfüßchen oder auch dem normalen Füßchen der Nähmaschine wird jetzt knappkantig abgesteppt. Ich nutze dafür das leicht elastische Garn Seraflex von Mettler. Achte auch unbedingt auf die passende Garnfarbe des Unterfadens: Er wird später am hinteren Halsausschnitt auf der rechten Stoffseite sichtbar sein.

7. Fertig ist der saubere Ausschnitt. Er könnte jetzt noch an der Vorderseite knappkantig abgesteppt werden, dann liegt er noch schöner.

BELEG NÄHEN

Der „edelste" unter den Saumabschlüssen ist gar nicht so schwer zu nähen, wie man womöglich denkt. Ich liebe Belege, da sie schön ordentlich aussehen und das Nähstück dabei ohne Kragen und Bündchen ganz pur erscheinen lassen. Genäht wird der Beleg, ganz gleich ob klassischer Halslochbeleg oder wie bei Bluse Lisa ein Saumbeleg, immer gleich. Der Beleg ist, grob beschrieben, ein gekürztes Futter oder eine Dopplung des Nähstücks. Mit dieser Erkenntnis lassen sich auch Teile mit einem Beleg versehen, die gar kein Schnittmuster für ein Belegteil besitzen!

1. Die beiden Belegteile, Vorder- und Rückteilbeleg, müssen genau wie das Vorder- und Rückteil rechts auf rechts an den Schulternähten zusammengenäht werden.

2. Bügle die Nähte von Oberteil und Beleg auseinander.

3. Stecke den Ausschnittbeleg rechts auf rechts an den Halsausschnitt und nähe ihn fest.

4. Schneide die Nahtzugabe in den Rundungen ein, um den Beleg sauber auf die linke Seite des Oberteils klappen zu können.

5. Der Beleg muss noch von rechts festgenäht werden. Ob dies ganz knappkantig, mit etwas Abstand oder gar mit mehreren Nähten passiert, ist Geschmackssache.

ÖSEN

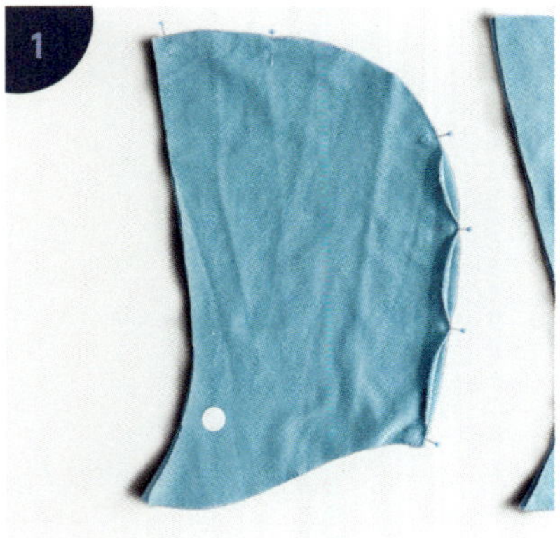

Löcher in fertige oder zumindest fertig zugeschnittene Stücke zu stanzen ist irgendwie komisch. Wahrscheinlich liegt es daran, dass ich Ösen nicht besonders mag. Aber was sein muss, muss sein:

1. Das Wichtigste: Ordentlich Verstärken nicht vergessen. Ich benutze meistens Vlieseline-Reste oder Wonderdots.

2. Wer genügend Material hat, fertigt noch ein Probestück aus demselben Stoff mit exakt derselben Verstärkung. So eine Öse wird ja gerne auch mal verkehrtherum eingeschlagen ...

3. Anleitung auf der Packung beachten! Und, mein persönlicher Tipp: Nicht mal „eben schnell" eine Öse einschlagen, nur um fertig zu sein. Die Wahrscheinlichkeit, dass dabei etwas schiefläuft, ist groß. Nimm dir Zeit.

Eine gute Ösen-Alternative sind auch genähte Ösen. Für meine Nähmaschine habe ich eine „Lochstickeinrichtung", mit der man Ösen sticken kann. Das Gute: Die Öse kann neben verschiedenen Größen jede beliebige Garnfarbe haben und kann somit perfekt auf das Kleidungsstück abgestimmt werden.

Mir sind schone etliche Male Ösenpatches über den Weg gelaufen. Hier ist die Öse schon auf einem Stück Leder oder Nähpappe eingeschlagen, welches dann wie ein Patch aufgenäht wird. Natürlich, das Loch muss trotzdem in den Stoff, aber damit ist es wenigstens nicht relevant, wie das Loch unter dem Patch aussieht.

KNOPFLÖCHER

Knopflöcher sind nicht so schlimm, wie man als Nähanfänger*in denkt ... ehrlich! Wer eine Nähmaschine mit Knopflochautomatik hat, ist hier fein raus: Theoretisch näht die Maschine das Knopfloch von selbst, lediglich die Position und Größe müssen festgelegt werden. Ein Blick in die Anleitung der Maschine und ein Probeknopfloch schaden jedoch nicht. Je nach Maschine kann es sein, dass man als Erstes die Länge des Knopflochs ermitteln muss.

Die Formel Knopfdurchmesser + 2 x Knopfdicke + 1 mm Zugabe hilft dabei. Ein Knopfloch besteht aus zwei langen Zickzack-Raupen, die von zwei Riegeln begrenzt werden.

1. Stoff immer entsprechend verstärken – das ist vor allem bei dehnbaren und dünnen Stoffen unumgänglich.

2. Position des Knopflochs einzeichnen und mit der Knopflochautomatik der Nähmaschine nähen.

3. Mit einem Nahttrenner oder einer spitzen Schere vorsichtig auftrennen. Richtig cool sind diese kleinen Knopflochstecher/-stanzer, mit denen das fertige Knopfloch ganz sicher geöffnet werden kann, ohne Raupe und Riegel zu beschädigen.

(BRUST-)ABNÄHER

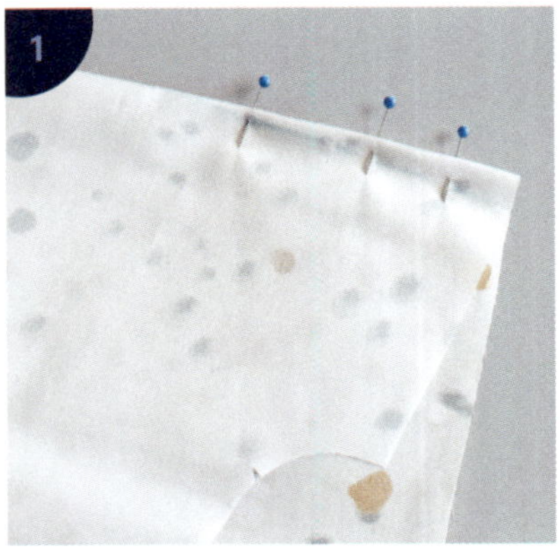

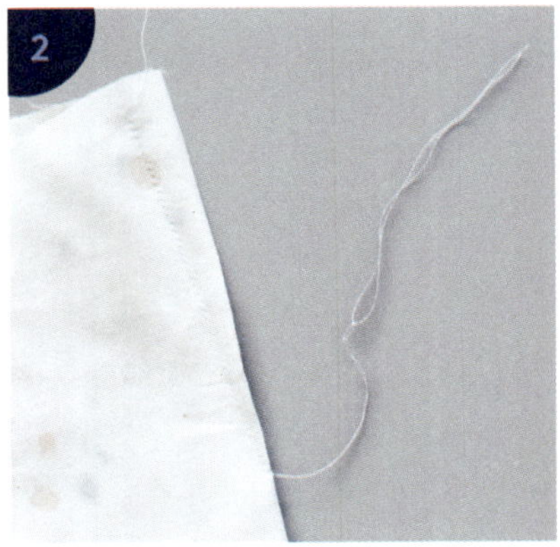

Durch Abnäher wird der zweidimensionale Stoff dreidimensional und liegt so besser, ohne Falten, am Körper an. Ein Abnäher kann nicht einfach weggelassen werden. Man müsste das zweidimensionale Schnittteil dreidimensional zusammenkleben und dann auf den Stoff übertragen ... das wird meistens nicht gut!

Alle Markierungen aus dem Schnittmuster müssen genau übertragen werden. Hierfür eignen sich Trickmarker, Schneiderkreide oder Stecknadeln. Vor allem die Abnäherspitze markiere ich am liebsten mit einer Stecknadel.

1. Der Abnäher ist ein Winkel, der zur Spitze hin flach auslaufend genäht wird. Falte das eingezeichnete Dreieck so rechts auf rechts, dass die Schenkel aufeinanderliegen. Hier verläuft nachher die Naht, dabei näht man von der Seite zur Mitte des Vorderteils. Der vordere Punkt soll so flach wie möglich sein.
2. Die Naht wird am Ende nicht verriegelt, sondern so beendet, dass der Faden lang stehen bleibt und verknotet wird.
3. Der Abnäher wird auf der linken Seite nach unten, in Richtung Taille gelegt und in Form gebügelt. Sehr praktisch ist hier ein Bügelei, mit dem man die Form perfekt ausbügeln kann.

KÜRZEN UND LÄNGEN

Die meisten Schnitte sind für eine Körpergröße von 1,68 m gradiert. Das ist die Norm und es ist praktisch für alle, die 1,65 bis 1,70 m groß sind. Wer größer oder kleiner ist, muss für die perfekte Passform bzw. Länge selbst ran. Macht aber nichts, denn dafür nähen wir ja schließlich. Denkt nur an all die armen kleinen und großen Frauen, die keine Nähmaschine haben!

Zur Veranschaulichung habe ich ein einfaches Beispiel, um zu erklären, wie die Länge in einem Schnitt angepasst wird. Das Ganze geht selbstverständlich auch in die andere Richtung.

Ich selbst bin 1,80 m groß und muss daher meine Kleidung verlängern. Mein Projekt startet also in den meisten Fällen damit, dass ich mehr Stoff kaufe als in der Anleitung beschrieben. Denn: Sicher ist sicher und ich weiß nicht, wie knapp der Stoff berechnet ist und ob 5 cm mehr Länge vielleicht zum Problem werden.

Nähe ich eine Hose, die für 1,68 m ausgelegt ist, muss ich für meine 1,80 m noch 12 cm zugeben, oder? Nein, natürlich nicht! Die „Mehrlänge" verteilt sich wahrscheinlich ja auf meinen gesamten Körper. Man ist gut beraten, wenn man sich selbst vermisst. Am leichtesten geht das mit einer Freundin, die einem das Maßband richtig anlegt. Ob man dann in der Vorweihnachtszeit ein bisschen zulegt oder abnimmt, ist nicht so schlimm. An den grundsätzlichen Proportionen ändert das meist nicht so viel. Es ist ungemein hilfreich, wenn man weiß, wie der eigene Körper aufgebaut ist. Das Ergebnis aus dem Vermessen wird keine millimetergenaue Angabe sein, aber eben eine Tendenz, mit der ihr in Zukunft Änderungen machen könnt, ohne vorher zu messen. In einigen Schnitten sind Querlinien eingezeichnet. Sie zeigen, wo man am besten verlängert oder kürzt, ohne die Form des Schnitts zu verändern. Beachte diese Linien unbedingt und verlängere nicht einfach am Saum, weil es einfacher erscheint. Fehlen die Linien, handelt es sich um ein so gerades Schnittteil, das tatsächlich einfach unten verlängert/gekürzt werden darf. Frohes Anpassen!

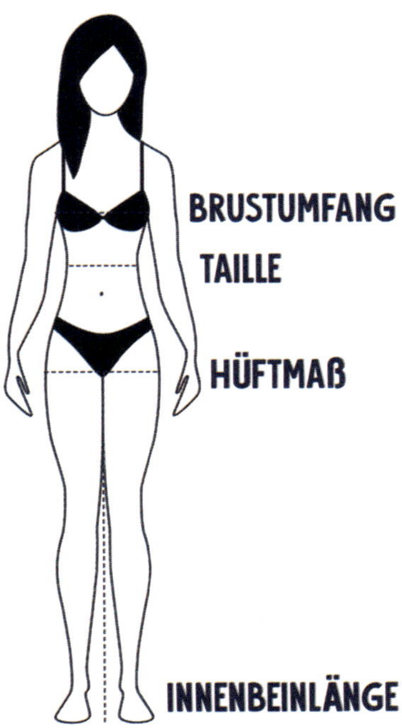

KÖRPERMAßE	34	36	38	40	42	44
BRUSTUMFANG	82	85	88	92	96	100
TAILLENUMFANG	66	69	72	76	80	84
HÜFTMAß	91	94	97	101	105	109
INNENBEINLÄNGE	78	78	78	78	78	78

PROJEKTE

LONGSLEEVE LENJA

SCHWIERIGKEITSGRAD
- Schaffst du locker!

Klassisches, eher schmal geschnittenes Longsleeve

Lenja ist die perfekte Kombipartnerin und sollte in keiner Garderobe fehlen. In den wärmeren Monaten auch solo getragen, punktet Lenja im Winter als kuscheliges Drunter-Teil.

STOFFAUSWAHL

Jersey oder Sommersweat
Bündchenware (optional)

Stoffverbrauch

145 cm (bei einer Breite von 140 cm)

DAS BRAUCHST DU

- 1x Vorderteil im Bruch
- 1x Rückteil im Bruch
- 2x Ärmel gegengleich
- 1x Halsbündchen

Alle Schnittteile findest du auf Schnittmusterbogen 1.

ZUSCHNITT

Gib eine Nahtzugabe von 0,7 cm sowie eine Saumzugabe von 1,5 cm zum Schnitt hinzu. Achtung, ich nähe Lenjas Halsbündchen nicht aus dehnbarer Bündchenware, sondern aus Jersey. Hierzu schneide ich das Bündchen etwas länger zu.

TIPP:

Lenjas Schnittteile können super geteilt werden. Wie wäre es mit einem Colour-Blocking-Langarmshirt? So kann man wunderbar Stoffreste abbauen und ein paar kleinere Stücke verarbeiten.

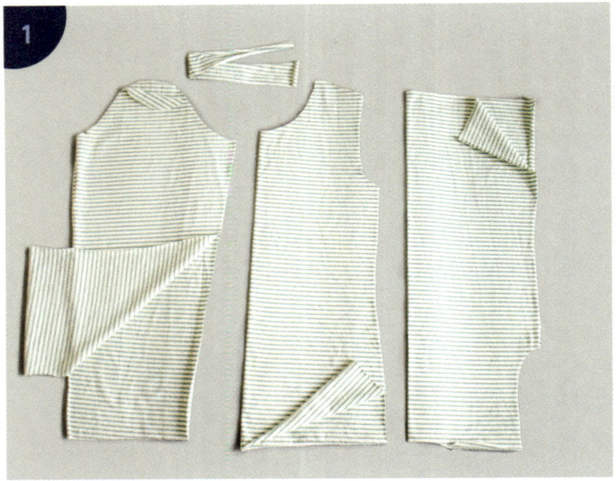

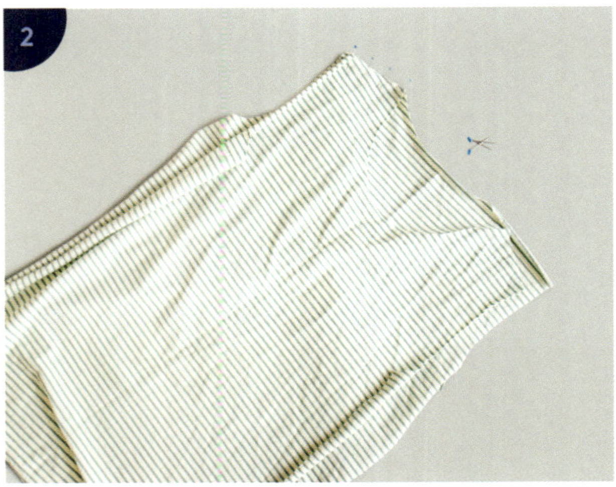

1. Da der Jersey nicht versäubert werden muss, legen wir gleich mit dem Nähen los.
2. Stecke Vorderteil und Rückteil rechts auf rechts und schließe eine Schulternaht.

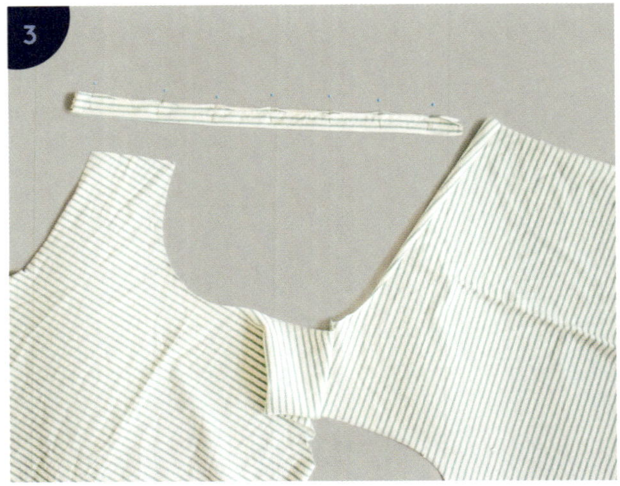

3. Falte das Bündchen der Länge nach links auf links.
4. Das gefaltete Bündchen wird nun an einer der offenen Schultern rechts auf rechts an den Ausschnitt gelegt. Ich stecke nur die erste Nadel, der Rest bleibt lose.

5. Nachdem das erste kleine Stück genäht ist, dehne ich das Bündchen vorsichtig und nähe langsam weiter. Wie beim „normalen" Annähen darf dabei nur das Bündchen, nicht aber der Ausschnitt gedehnt werden.

6. Ehrlich gesagt war mein Bündchenstreifen etwas knapp bemessen. Wenn du großzügiger warst – wozu ich gerade am Anfang dringend rate –, wird noch ein Stück Bündchen überstehen. Dieses kann dann einfach abgeschnitten werden.

7. Stecke nun die zweite Schulter rechts auf rechts und schließe die Naht.

8. Wenn du mit der Overlock nähst, ziehe die Overlockraupe an der Halsseite der Schulternaht ins Innere der Naht.

9. Optional kann der Ausschnitt jetzt noch knappkantig abgesteppt werden. Ich finde, er liegt so einfach schöner.

10. Stecke und nähe die Ärmel rechts auf rechts ins Armloch. Achte dabei auf die Passzeichen an Ärmel und Oberteil – sie müssen sich treffen. Schau dir gegebenenfalls hierzu auch die ausführlichere Anleitung auf Seite 24 an.

11. Schließe die Seitennähte. Lege dazu das Oberteil rechts auf rechts und stecke die komplette Strecke von Ärmel bis Saum, bevor du sie nähst. Achte darauf, dass die Nähte an der Achsel sich treffen und die beiden Stofflagen nicht verschoben werden.

12. Säumen und dabei das Label nicht vergessen!

PLISSEEROCK LEA

SCHWIERIGKEITSGRAD

Schaffst du locker!

Eleganter Plisseerock ganz ohne Schnittmuster

Bei Lea wirst du selbst zur Designerin und entscheidest über die Länge und Weite des Rocks. Von Mini bis Maxi ist alles möglich, was der Stoffvorrat hergibt.

STOFFAUSWAHL

Plissee

Stoffverbrauch

50 bis 90 cm Plissee (volle Breite)

DAS BRAUCHST DU

- 1x Zuschnitt Rock (siehe rechts)
- dekoratives Gummiband in deiner Taillenweite

ZUSCHNITT

Jetzt entscheidest du! Wo soll der Rockbund sitzen, in der Taille oder auf der Hüfte? Dann lass einfach von diesem Punkt mal das Maßband Richtung Boden hängen und sieh nach, wie lang der Stoff für die Wunschlänge sein sollte. Wer es lieber Freestyle ohne Maßband mag, legt sich einfach den Stoff um die Hüfte und merkt sich die Länge. Ich nähe meinen Rock aus einem Stück Plissee, das volle Breite, also ungefähr 1,40 m, liegt und 85 cm lang ist. Wichtig: Schneide den Stoff ganz gerade mit einer guten Stoffschere oder einem Rollschneider mit scharfer Klinge.

TIPPS:

- *Ein Stoffrest von Lea kann perfekt für das Stoffmix-Kleid Kaya auf Seite 65 verwendet werden.*
- *Gönn dir einen dünnen Unterrock, wenn du vermeiden willst, dass der Plisseerock im Winter wegen der Strumpfhose an deinen Beinen hochkrabbelt.*

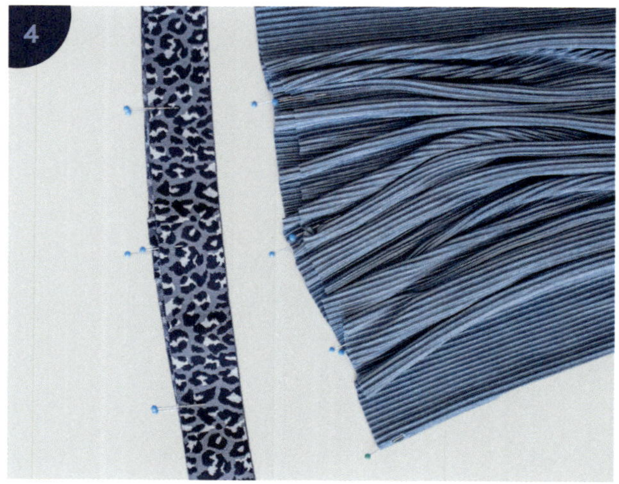

1. Das Stoffstück für den Rock wird rechts auf rechts gesteckt und zusammengenäht.

2. Ermittle die gewünschte Länge des Gummibands. Lege es dir dazu gedehnt (!) um die Taille oder Hüfte und addiere 2 cm Nahtzugabe. Schließe das Gummiband zum Ring, indem du es rechts auf rechts an der kurzen Seite zusammennähst.

3. Falte die Nahtzugabe auseinander und steppe links und rechts der Naht entlang, um die Gummi-Enden glatt am Bund zu halten und die Naht zu verstärken.

4. Dehne das Gummiband, um sicher zu gehen, ob es sich theoretisch auf die Weite des Rocks dehnen lässt. Bei der Kombination aus schmaler Taille beziehungsweise kleiner Hüftweite und großer Stoffbreite könnte es kompliziert werden. In diesem Fall muss vor dem Stecken der Stoff noch ein bisschen gekräuselt werden. Steppe dazu zwei parallele Linien innerhalb der Nahtzugabe. Die Nähte werden nicht verriegelt, der Faden bleibt lang. Ziehe nun an den beiden Unterfäden, um den Stoff auf die gewünschte Länge, d.h. die Länge des Gummibands zu bringen. Unterteile dazu

mit Hilfe von Stecknadeln sowohl Rock als auch Gummiband in mindestens 4, besser 8 gleich große Teile.

5. Stecke Gummi und Rock anhand der Teilungen gleichmäßig aneinander. Achtung: Wir stecken in diesem Fall das Gummiband links auf rechts auf den Rock.

6. Nähe das Gummiband mit einem Geradstich gedehnt an den Rock. Da diese Naht – je nach Gummi – sichtbar sein könnte, nimm farblich passendes Nähgarn. Wenn nötig, nähe mit mindestens ½ cm Abstand ein zweites Mal entlang der ersten Naht. So klappt sich der Gummibund später beim Tragen nicht so leicht um.

7. Hätten wir nicht aus Plissee, sondern einem anderen Stoff genäht, müssten wir jetzt noch säumen. Da wir unseren Plissee aber ganz sauber abgeschnitten haben und er nicht ausfranst, fällt dieser Schritt weg. Der Rock ist fertig!

SWEATER SWANTJE

SCHWIERIGKEITSGRAD

- Schaffst du locker!

Lässiger Sweater mit überschnittenen Schultern

Swantje zu Jeans und lässigen Sneakers kombiniert und fertig ist das Outfit für jeden Tag. Und mit einem schicken Bündchenversäuberungsstreifen macht der Sweater auch auf dem Kleiderbügel was her.

STOFFAUSWAHL

Sweat oder Sommersweat
Bündchenware

Stoffverbrauch

145 cm (bei einer Breite von 140 cm)

DAS BRAUCHST DU

- 1x Vorderteil im Bruch
- 1x Rückteil im Bruch
- 2x Ärmel gegengleich
- 2x Armbündchen
- 1x Saumbündchen im Bruch
- 1x Halsbündchen (zzgl. Nahtzugaben) mit 4 cm Breite
  Länge:
  Gr. 34: 38,7 cm
  Gr. 36: 39,0 cm
  Gr. 38: 39,3 cm
  Gr. 40: 39,8 cm
  Gr. 42: 40,4 cm
  Gr. 44: 41,0 cm

Alle Schnittteile findest du auf Schnittmusterbogen 1.

ZUSCHNITT

Gib eine Nahtzugabe von 0,7 cm zum Schnitt hinzu. Wenn du ebenfalls eine Versäuberung für den Halsausschnitt nähen möchtest, schneide noch einen Jerseystreifen mit ungefähr 15 cm Länge und 2 cm Breite zu.

TIPP:

Sweater Swantje bietet die perfekte Bühne für Plots oder Siebdruck-Experimente. Nichts wie ran an die gut abgelagerten Uni-Stoffe und Stofffarbe oder Folie!

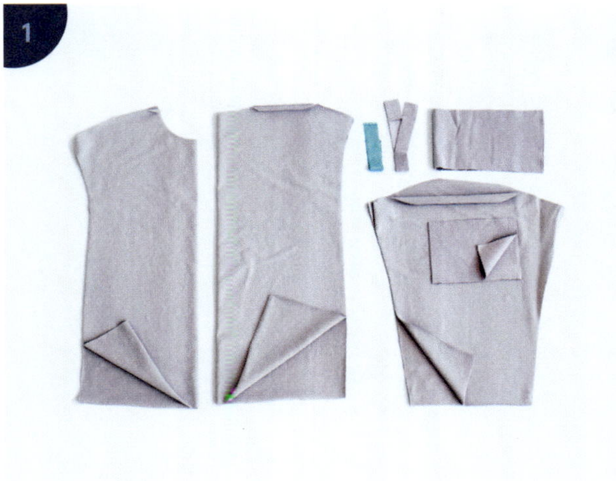

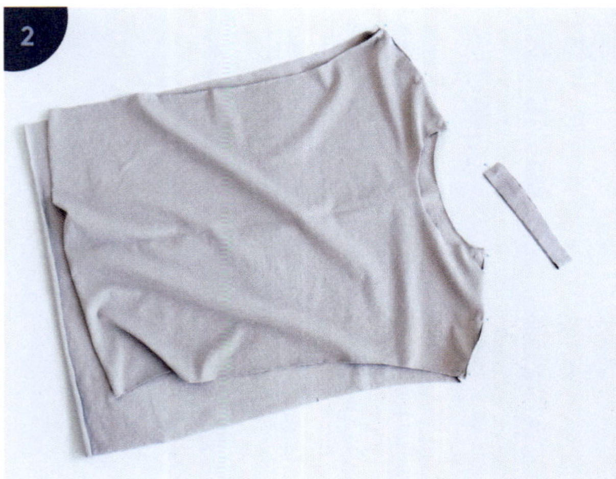

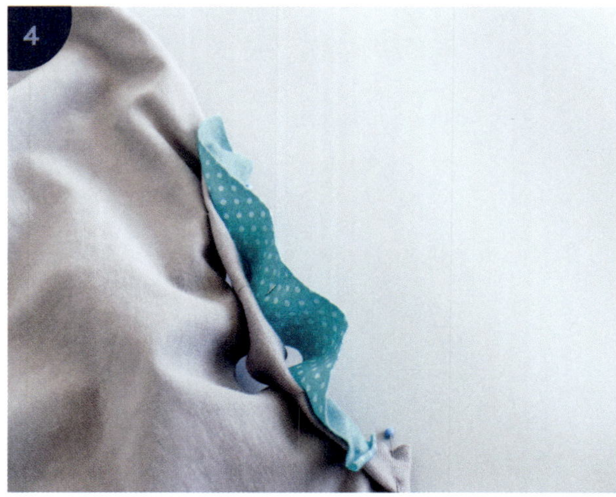

1. Da der Sweat nicht versäubert werden muss, legen wir gleich mit dem Nähen los.
2. Stecke Vorderteil und Rückteil rechts auf rechts und schließe beide Schulternähte. Schließe das Halsbündchen rechts auf rechts zum Ring.
3. Falte das Bündchen der Länge nach, sodass es doppelt links auf links liegt. Das gefaltete Bündchen wird nun gleichmäßig an den Halsausschnitt gesteckt. Hierzu wird es in gleiche Abschnitte aufgeteilt und unter leichter Dehnung angesteckt. Wer keinen Bündchenversäuberungsstreifen einnähen will, näht das Halsbündchen einfach an und springt dann zu Punkt 9. Mehr Details zum Bündchen, ob mit oder ohne Streberstreifen, gibt's ab Seite 26.
4. Nun kommt der Streifen ins Spiel, der später die Naht verdecken soll. Er ist ungefähr 2 cm breit. Gehe hier lieber auf Nummer sicher, denn nachträglich abschneiden geht immer. Der Streifen wird rechts auf rechts an den hinteren Ausschnitt gesteckt. Er wird dabei höchstens ganz leicht gedehnt.

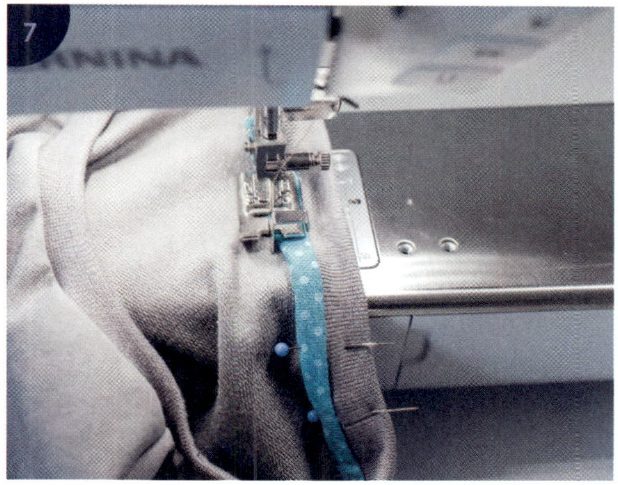

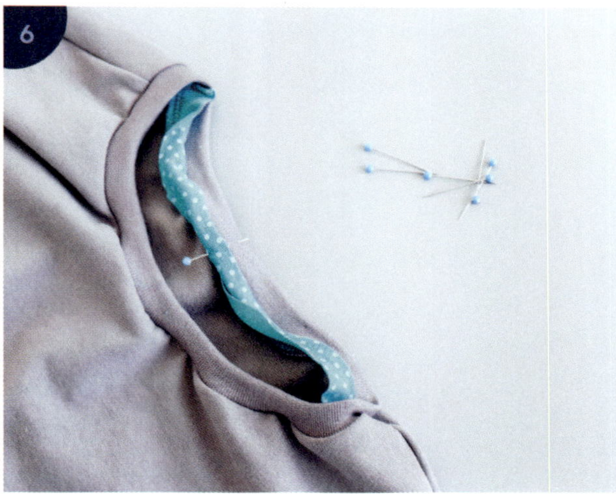

5. Das Bündchen wird ganz normal unter Dehnung angenäht, der Jerseystreifen wird dabei mitgefasst. Nach dem Annähen sieht das Bündchen aus wie auf diesem Bild.

6. Der Streifen muss nun eventuell noch etwas eingekürzt werden, damit er nur einmal um die Naht reicht und nicht unnötig aufträgt. Danach wird er einfach um die Naht geschlagen und festgesteckt.

7. Ich steppe die versteckte Overlocknaht nun von innen knappkantig auf das Rückteil. Am leichtesten geht das mit dem Schmalkantfüßchen der Nähmaschine. Achte unbedingt auf die Farbe des Unterfadens. Er ist später auf der rechten Stoffseite im Nacken sichtbar.

8. Der Ausschnitt sieht nun so aus und kann noch knappkantig abgesteppt werden.

9. Stecke und nähe die Ärmel rechts auf rechts ins Armloch. Achte dabei auf die Passzeichen an Ärmel und Oberteil – sie müssen sich treffen. Schau dir gegebenenfalls hierzu auch die ausführlichere Anleitung auf Seite 24 an.

10. Schließe die Seitennähte. Lege dazu das Oberteil rechts auf rechts und stecke die komplette Strecke von Ärmel bis Saum, bevor du sie nähst. Achte darauf, dass die Nähte an der Achsel aufeinandertreffen und die beiden Stofflagen sich nicht verschieben.

11. Nun noch die Saum- und Armbündchen zum Ring schließen und rechts auf rechts annähen. Das funktioniert wie beim Halsbündchen, nur ohne Versäuberungsstreifen, und ist auf Seite 25 nochmal ausführlich beschrieben. Ich mag es, wenn auch diese Bündchen nach dem Annähen knappkantig abgesteppt werden, das sieht nochmal professioneller aus und passt zum Ausschnitt.

HOODIE HEDDA

SCHWIERIGKEITSGRAD

- Schaffst du locker!

Gemütlicher Hoodie mit schmaler Kapuze und überschnittenen Schultern
Hedda ist ähnlich lässig geschnitten wie Swantje, bringt aber eine Kapuze für den sportlicheren Look mit.

STOFFAUSWAHL

Sweat oder Sommersweat
Bündchenware (optional)

Stoffverbrauch
200 cm (bei einer Breite von 140 cm)

DAS BRAUCHST DU

- 1x Vorderteil im Bruch
- 1x Rückteil im Bruch
- 2x Ärmel gegengleich
- 2x Armbündchen
- 1x Saumbündchen im Bruch
- 2x Kapuze gegengleich Außenstoff
- 2 x Kapuze gegengleich Innenstoff

Alle Schnittteile findest du auf Schnittmusterbogen 1 und 2.

ZUSCHNITT

Gib eine Nahtzugabe von 0,7 cm zum Schnitt hinzu. Wenn du Heddas Bündchen aus Oberstoff statt Bündchenware nähst, schneide sie etwas länger zu, da dein Stoff wahrscheinlich nicht so dehnbar ist wie Bündchenware.

TIPP:
Der Stoffverbrauch reduziert sich, wenn ein Stoff ohne Musterrichtung verwendet wird. Die Innenkapuze aus einem anderen Stoff zuzuschneiden ist auch eine schicke Sparmaßnahme!

1. Ohne zu versäubern, starten wir gleich mit dem Nähen. Wenn du Ösen in der Kapuze haben möchtest, verstärke die Stoffrückseite an den dafür vorgesehenen Markierungen. Man vergisst es ja gerne mal im Eifer des Nähens …

2. Stecke Vorderteil und Rückteil rechts auf rechts und schließe beide Schulternähte.

3. Nähe die Ärmel entsprechend der Passzeichen rechts auf rechts ein.

4. Schließe die Arm- und Seitennaht.

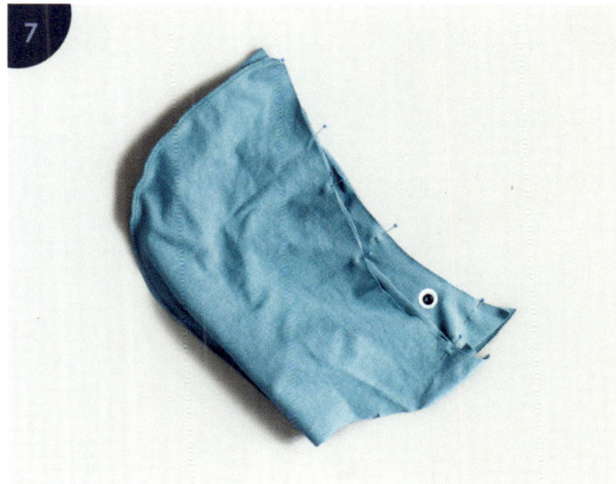

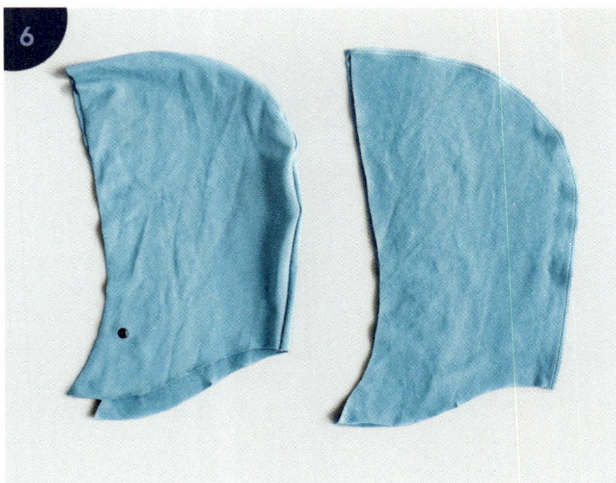

5. Stecke die beiden Kapuzenteile jeweils rechts auf rechts und nähe sie an der späteren Rückseite zusammen. Nähe die Innenkapuze genauso.

6. Die Außen- und die Innenkapuze werden nun rechts auf rechts ineinander gesteckt. Wer noch keine Ösen eingebracht hat, sollte das an dieser Stelle erledigen – die Kapuze kann aber natürlich auch ohne Kordel bleiben.

7. Nähe die Vorderseite der ineinander gesteckten Kapuze rechts auf rechts.

8. Wende die Kapuze und bügle sie gut. Wer mag, steppt die vordere Kante knappkantig ab. Ich markiere mir mit Nadeln den späteren Tunnelzug.

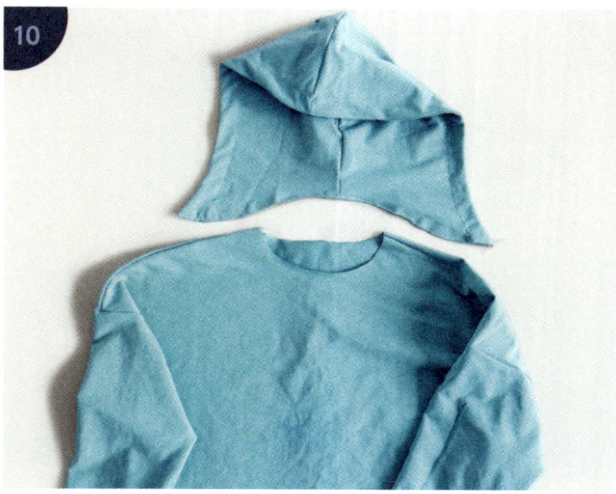

9. Mit farblich passendem Nähgarn steppe ich den Tunnelzug ab – hierbei orientiere ich mich an den Linien auf dem Anschiebetisch der Nähmaschine oder der Stichplatte. Wem das so „frei Hand" zu heikel ist, der zeichnet sich die Linie zuvor mit auswaschbarem Trickmarker oder Schneiderkreide ein.

10. Damit wir beim Einnähen der Kapuze an den Ausschnitt nur ein Teil haben, steppen wir die Unterseite innerhalb der Nahtzugabe noch zusammen.

11. Nun wird die Kapuze rechts auf rechts an das Halsloch gesteckt. Orientiere dich hierbei an der hinteren Mitte und den Passzeichen für die Schulternaht.

12. Nach dem Annähen kann optional nochmal von rechts knappkantig abgesteppt werden – so blitzt vorne ganz sicher keine Naht hervor. Bei mir bleibt alles an Ort und Stelle, daher verzichte ich auf die knappkantige Naht.

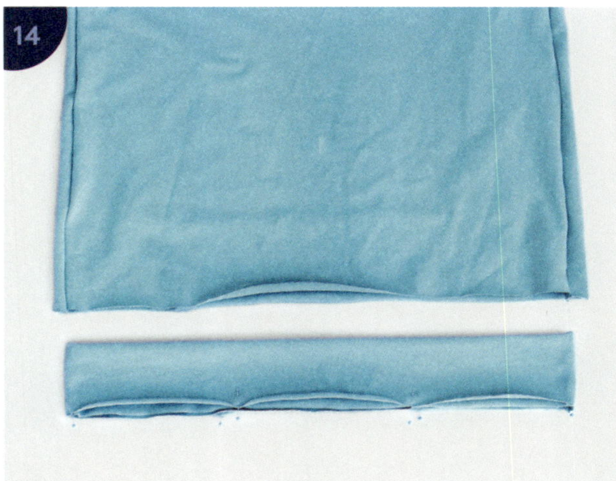

13. Nun noch die Armbündchen zum Ring schließen, mittig umklappen und rechts auf rechts annähen. Auf Seite 25 ist das ausführlich beschrieben. Da ich meine Bündchen aus weniger dehnbarem Oberstoff nähe, teste ich sicherheitshalber, bevor ich sie zum Ring schließe, ob sie nicht doch zu lang oder kurz sind.

14. Genauso wird das Saumbündchen angenäht: Zum Ring schließen, mittig umklappen und rechts auf rechts annähen. Die Qual der Wahl bei der Kordel für den Tunnelzug steht auch noch an, dann ist der Hoodie fertig.

WESTE WANDA

SCHWIERIGKEITSGRAD

Nimm dir ein bisschen Zeit und dazu einen guten Tee!

Lange Weste mit optionaler Knopfleiste

Wanda kombinierst du perfekt zu Longsleeve Lenja oder im Frühjahr zu einem kurzärmeligen Shirt.

STOFFAUSWAHL

alle Arten von Strick oder Sweat

Stoffverbrauch

110 cm (bei einer Breite von 140 cm)

DAS BRAUCHST DU

- 2 x Vorderteil gegengleich
- 1 x Rückteil im Bruch
- 2 x Bündchen Armausschnitt
- 2 x Knopfleiste gegengleich (in zwei Teilen)
- optional: Nahtband, wenn du sehr dehnbaren oder schweren Strick vernähst
- optional: Vlieseline für die Knopfleiste
- optional 6 Knöpfe

Alle Schnittteile findest du auf Schnittmusterbogen 2.

ZUSCHNITT

Gib eine Nahtzugabe von 0,7 cm zum Schnitt hinzu. Der Saum ist schon im Schnitt enthalten.

TIPP:

Die Knopfleiste kann auch im Bruch zugeschnitten werden, wenn die Stoffbreite ausreichend ist. In diesem Fall benötigt man natürlich keine Nahtzugabe im Bruch, wohl aber an den drei anderen Seiten.

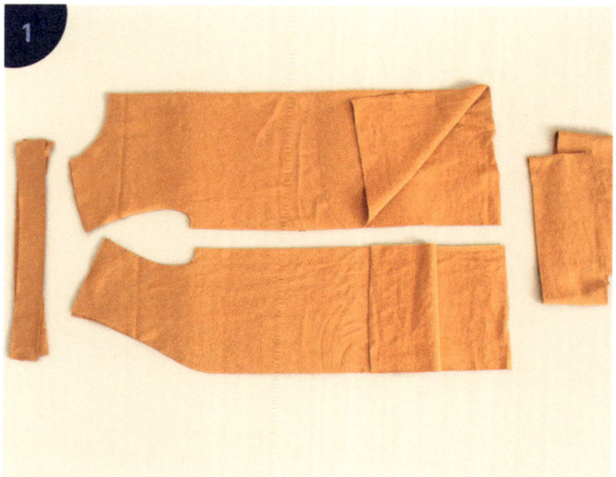

1. Mein Feinstrick muss nicht versäubert werden. Da ich mir noch nicht sicher bin, ob ich die Knopfleiste verstärke, mache ich das erst später, wenn es so weit ist.

2. Stecke die Vorderteile und das Rückteil rechts auf rechts und schließe beide Schulternähte.

3. Falte die Bündchen für den Armausschnitt links auf links und stecke sie unter leichter Dehnung rechts auf rechts an die Armlöcher und nähe sie fest.

4. Lege die Weste rechts auf rechts und schließe die Seitennähte.

5. Nähe die beiden Knopfleisten rechts auf rechts an der kurzen Seite zusammen. Ich konnte mir das sparen, da mein Stoff so breit lag, dass ich die Knopfleiste im Bruch zuschneiden konnte.

6. Schlage den Saum um und steppe ihn fest. Je nach Stoff ist es hübscher, wenn dieser Schritt erst nach dem Annähen der Knopfleiste erledigt wird.

7. Klappe die Knopfleiste zur Hälfte rechts auf rechts zusammen und nähe die beiden kurzen Seiten zu. Schlage sie dann auf rechts, sodass beide rechten Seiten außen liegen. Schöner wird es übrigens, wenn diese Nähte mit der Nähmaschine und nicht mit der Overlock genäht werden. Jetzt ist die letzte Chance, um noch Verstärkung aufzubügeln!

8. Stecke und nähe die Knopfleiste mit der offenen Seite nach vorne rechts auf rechts an das Vorderteil. Beachte die Markierungen und beginne am besten an der hinteren Mitte.

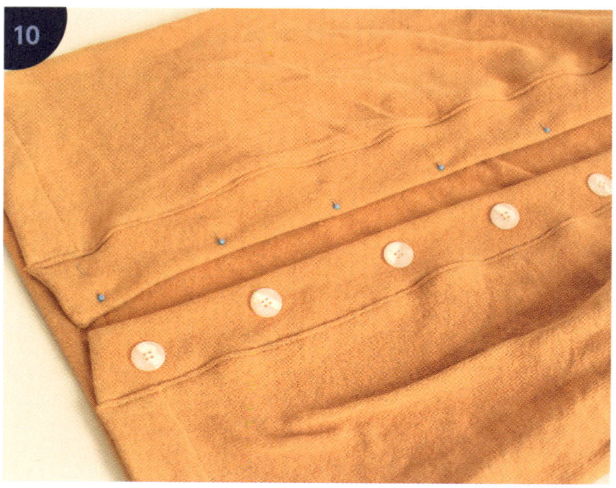

9. Ich habe hier nochmal die Bündchen und die Knopfleiste knappkantig abgesteppt und die Overlockraupen unten am Bündchen ins Innere gezogen. Wer keine Knöpfe an seiner Weste möchte, ist nun schon fertig!

10. Jetzt kommt der Endgegner: Knopflöcher in Strick! Übertrage die Markierungen oder kontrolliere sie, wenn du sie zuvor schon übertragen hast. Fertige die Knopflöcher wie auf Seite 31 beschrieben. Zuletzt noch die Knöpfe annähen.

11. Gefühlt hat das Nähen der Knopflöcher und das Annähen der Knöpfe länger gedauert als das Nähen der Weste, aber nun ist es geschafft!

KLEID KAYA

SCHWIERIGKEITSGRAD

- Schaffst du locker!

Material-Mix-Kleid mit überschnittenen Schultern in Wunschlänge

Ein verlängerter Sweater und ein Stück Plissee ergeben ein Stoffmix-Kleid.

STOFFAUSWAHL

Sweat oder Sommersweat
Plissee
Bündchenware (optional)

Stoffverbrauch

Sweat: 220 cm (bei einer Breite von 140 cm)
Plissee: etwa 15 cm (bei voller Stoffbreite; Länge nach Belieben anpassbar)

DAS BRAUCHST DU

- 1x Vorderteil im Bruch
- 1x Rückteil im Bruch
- 2x Ärmel gegengleich
- 2x Armbündchen
- 1x Saumbündchen im Bruch
- 1x Halsbündchen (zzgl. Nahtzugaben) mit 4 cm Breite
  Länge:
  Gr. 34: 38,7 cm
  Gr. 36: 39,0 cm
  Gr. 38: 39,3 cm
  Gr. 40: 39,8 cm
  Gr. 42: 40,4 cm
  Gr. 44: 41,0 cm

Verwende für Kleid Kaya den Schnitt von Sweater Swantje und verlängere Vorder- und Rückteil um 15 cm – oder nach Geschmack. Alle Schnittteile findest du auf Schnittmusterbogen 1.

ZUSCHNITT

Gib eine Nahtzugabe von 0,7 cm zum Schnitt hinzu. Kaya ist dein Ding, du entscheidest über die Länge des Rockteils oder die Art der Bündchen. Ich schneide meine Bündchen, vor allem das Saumbündchen, etwas weiter zu, da mein Stoff nicht besonders dehnbar ist und ich das Kleid eher gerade haben möchte. Den Plissee schneide ich erst zu, nachdem ich das Oberteil fast fertig genäht habe. Lies am besten die komplette Anleitung vor dem Zuschnitt durch und entscheide dann, wie du das Kleid nähen möchtest.

TIPP:

Mit Kaya kannst du perfekt die Stoffreste vom Plisseerock Lea verwerten. Natürlich gehen auch fast alle anderen Webwarequalitäten für den Rockeinsatz. Wie wäre es mit einer fancy Tüll-Version?

1. Die ersten Schritte entsprechen dem Nähen von Sweater Swantje (siehe Seite 48). Nähe entsprechend der Anleitung die Schulternähte, das Halsbündchen und schließe die Ärmel- und Seitennähte.

2. Sowohl das Saumbündchen als auch der Plisseestreifen werden nun rechts auf rechts zum Ring geschlossen. Mein Plissee ist volle Stoffbreite und ungefähr 15 cm hoch.

3. Das Bündchen wird nochmal im Umbruch gefaltet und mit der offenen Seite nach unten an den Saum gesteckt – alles wie immer. Der zum Ring geschlossene Plissee wird auf die Breite des Oberteils gekräuselt. Steppe dazu zwei parallele Linien innerhalb der Nahtzugabe. Die Nähte werden nicht verriegelt, der Faden bleibt lang. Ziehe nun an den beiden Unterfäden, um den Stoff auf die gewünschte Länge zu bringen.

4. Nun wird der Plisseestreifen rechts auf rechts über das Bündchen gesteckt und mit diesem festgenäht. Später wird es aussehen, als ob ein Rock unter einem langen Pulli getragen wird. Nochmal zur Erinnerung: Mach Kaya zu deinem Ding. Wenn du kein Bündchen willst, schlag den Saum nur um und nähe den Plissee genauso fest. Wenn du es kürzer oder länger willst, nimm diese Änderungen vor – hier kannst du dich austoben!

5. Nun wird noch beim Plissee seitlich die Overlockraupe ins Innere der Naht gezogen. Säumen können wir uns hier sparen.

6. Nun schließen wir noch die Armbündchen zum Ring und nähen sie wie gewohnt fest. Fertig ist das feine Kleidchen.

TIPP:

Nicht immer braucht es ein ganz neues Schnittmuster, um ein neues Teil zu nähen. Verlängern, kürzen oder teilen sind ganz einfache Möglichkeiten, um dem bekannten Lieblingsschnitt einen neuen Look zu verpassen. Wir nähen ja schließlich, weil wir unser Ding machen wollen!

CONVERSE
ALL STAR

LEGGINGS LULU

SCHWIERIGKEITSGRAD

- Schaffst du locker!

Leggings oder angesagte 7/8-Hose

Mit Lulu ersetzt du die Strumpfhose unter dem Kleid, gehst zum Sport oder machst es dir auf dem Sofa bequem: eine für alles!

STOFFAUSWAHL

Jersey mit Elasthananteil oder andere dehnbare Stoffe, die formstabil sind

Stoffverbrauch

130 cm (bei einer Breite von 140 cm)

DAS BRAUCHST DU

- 2 x Vorderhose gegengleich (in zwei Teilen)
- 2 x Hinterhose gegengleich (in zwei Teilen)
- 1 x Bund
- Gummiband 4 cm breit

Alle Schnittteile findest du auf Schnittmusterbogen 2.

ZUSCHNITT

Gib eine Nahtzugabe von 0,7 cm sowie eine Saumzugabe am Bein von 1,5 cm zum Schnitt hinzu.

TIPPS:

- *Miss deine Innenbeinlänge und vergleiche sie mit dem Schnitt. Wenn du deutlich kürzen oder längen musst, mach das einmal im Oberschenkel- und einmal im Wadenbereich.*
- *Nimm unbedingt einen Stoff mit Elasthananteil: Er sorgt dafür, dass der Stoff nach der Dehnung wieder in seine Ursprungsform zurückgeht. Die enganliegende Hose bekommt sonst unschöne Beulen an den Knien. Diese ziehen sich zwar beim Waschen zurück, aber getragen sieht es nach kurzer Zeit nicht mehr so schick aus.*

1. Lulu nähe ich komplett mit der Overlock, daher muss ich nicht versäubern.
2. Nähe die beiden Hinterhosen im Schritt rechts auf rechts aneinander.
3. Nähe die beiden Vorderhosen ebenfalls im Schritt rechts auf rechts aneinander.
4. Lege die Vorder- und Rückteile rechts auf rechts und schließe die Seitennähte.

5. Schließe die Naht im Schritt.
6. Nähe die kurze Seite des Bunds zusammen, lass jedoch zwischen Umbruch (Mitte) und Nahtzugabe auf einer Seite eine Öffnung für das Gummiband.
7. So sieht das fertig genäht aus.
8. Falte den zum Ring geschlossenen Bund am Umbruch und stecke ihn rechts auf rechts an die Hose. Kontrolliere vor dem Festnähen, ob die Öffnung für das Gummiband später auch auf der Innenseite ist!

9. Ermittle die gewünschte Länge des Gummibands und ziehe es in den Bund ein. Nähe es mit einem Zickzackstich zusammen. Da verschiedene Bänder unterschiedlich dehnbar sind, messe ich immer am Gummiband selbst, indem ich es mir um die Hüfte/Taille lege und abstecke.

10. Schließe die Öffnung des Gummibands und steppe gegebenenfalls noch knappkantig ab. Ich fixiere das Gummiband gerne an ein, zwei Stellen mit ein paar Stichen, damit es sich nicht im Laufe der Zeit verdrehen kann.

11. Der Hosensaum wird einmal umgeschlagen und festgesteppt. Eine alternative Verarbeitung, mit der man einen anderen Look erzielen, aber auch nochmal etwas mehr Länge bekommen kann, wäre das Annähen eines schmalen Bündchens. Vielleicht bei deiner nächsten Lulu?

TOP LUCIA

SCHWIERIGKEITSGRAD

- Schaffst du locker!

Schmales Top mit Bündchen

Lucia ist zusammen mit Hose Lulu die perfekte Darunter-Kombi für kuschelige Wintertage. Aber auch solo macht sie als klassisches Unterhemdchen oder schickes Top was her – ganz nach Stoffwahl ist hier fast alles drin!

STOFFAUSWAHL

alle Arten von Jersey
Bündchenware (optional)

Stoffverbrauch

70 cm (bei einer Breite von 140 cm)

DAS BRAUCHST DU

- 1x Vorderteil im Bruch
- 1x Rückteil im Bruch
- Bündchen in Breite 4 cm:

  1x Halsloch (zzgl. Nahtzugaben):
  Länge:
  Gr. 34: 51,0 cm
  Gr. 36: 51,5 cm
  Gr. 38: 52,0 cm
  Gr. 40: 52,5 cm
  Gr. 42: 53,0 cm
  Gr. 44: 53,5 cm

  2x Armloch (zzgl. Nahtzugaben):
  Länge:
  Gr. 34: 36,0 cm
  Gr. 36: 37,0 cm
  Gr. 38: 38,5 cm
  Gr. 40: 40,0 cm
  Gr. 42: 41,5 cm
  Gr. 44: 43,0 cm

Alle Schnittteile findest du auf Schnittmusterbogen 3.

ZUSCHNITT

Gib eine Nahtzugabe von 0,7 cm sowie eine Saumzugabe von 1.5 cm zum Schnitt hinzu. Ich mache es mir einfach und schneide nur einen langen Bündchenstreifen zu. Vor allem, wenn man Oberstoff statt Bündchenware verwendet und sich nicht sicher ist, ob die Dehnbarkeit ausreicht, ist das eine sichere Variante.

TIPP:

Wer Lucia als Unterhemdchen tragen will, kann mit Wäschegummis statt Bündchen oder Oberstoff einfassen.

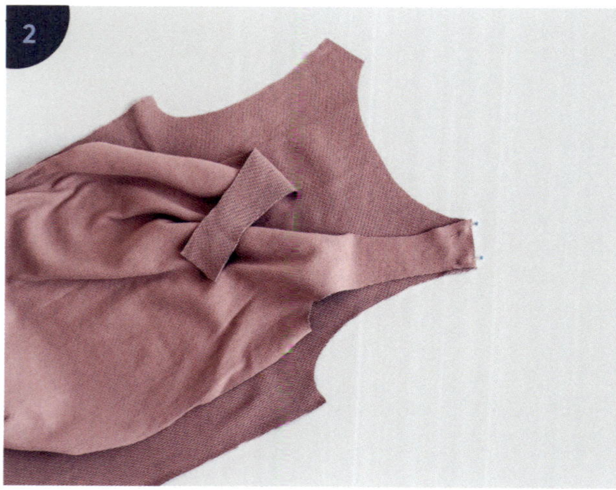

1. Da der Jersey nicht versäubert werden muss, legen wir gleich mit dem Nähen los.

2. Stecke Vorderteil und Rückteil rechts auf rechts und schließe eine Schulternaht. Achtung, nur eine!

3. Falte das Bündchen für den Halsausschnitt oder den langen Streifen der Länge nach links auf links. Das gefaltete Bündchen wird nun an einer der offenen Schultern rechts auf rechts an den Ausschnitt gelegt. Ich stecke nur die erste Nadel, der Rest bleibt lose. Zur Sicherheit: Drei offene Stoffkanten sind jetzt unter der Nadel.

4. Nachdem das erste kleine Stück genäht ist, dehne ich das Bündchen vorsichtig und nähe langsam weiter. Wie beim „normalen" Annähen darf dabei nur das Bündchen, nicht aber der Ausschnitt gedehnt werden.

5. Am anderen Ende des Ausschnitts, also an der offenen Schulternaht, wird das restliche Bündchen einfach abgeschnitten. Wer mit dem fertig zugeschnittenen Bündchen näht, sollte natürlich eine Punktlandung hinlegen. Aber auch hier gilt: Ein kleiner Überstand ist nicht tragisch, denn jeder Stoff ist unterschiedlich dehnbar und es ist in erster Linie wichtig, dass alles gleichmäßig gedehnt ist und das Bündchen für die ganze Strecke reicht.

6. Stecke nun die zweite Schulter rechts auf rechts und schließe die Naht. Achte darauf, dass das Bündchen sauber aneinanderpasst.

7. Ziehe die Overlockraupe an der Halsseite der Schulternaht ins Innere der Naht.

8. So wie wir den Halsausschnitt genäht haben, nähen wir auch die beiden Armausschnitte. Beginnend an der Achsel nähen wir von Vorder- zu Rückteil unter gleichmäßiger Dehnung den Bündchenstreifen an.

9. Schließe die Seitennähte. Lege dazu das Oberteil rechts auf rechts, stecke und nähe die Seiten sauber aneinander. Achte erneut darauf, dass die Bündchen schön aneinanderpassen und auch die Rückseite der Naht schön liegt.

10. Nach dem Einziehen der Ovi-Raupen sehen die Übergänge der Bündchen schön sauber aus. Wenn nicht, kann man auch nochmal mit ein paar Geradstichen die Naht fixieren, damit die Overlocknaht schön glatt anliegt.

11. Wer mag, steppt nun noch die drei Bündchen knappkantig ab. Ich verwende hierfür das leicht elastische Garn Seraflex von Mettler.

12. Säumen und am besten gleich anziehen.

LANGES KLEID LOTTE

SCHWIERIGKEITSGRAD

◎◎ Nimm dir ein bisschen Zeit und dazu einen guten Tee!

Langes Kleid mit seitlichen Schlitzen

Mit Lotte bist du zu jedem Anlass richtig angezogen: Sie kommt, je nach Stoffwahl, lässig oder elegant daher und lässt sich sowohl zu edlen Stiefeln als auch zu den Lieblingsturnschuhen prima kombinieren.

STOFFAUSWAHL

alle Arten von Strick oder Sweat
optional Nahtband, wenn du sehr dehnbaren oder schweren Strick vernähst

Stoffverbrauch

200 cm (bei einer Breite von 140 cm)

DAS BRAUCHST DU

- 1x Vorderteil im Bruch (in zwei Teilen)
- 1x Rückteil im Bruch (in zwei Teilen)
- 2x Ärmel gegengleich
- 1x Halsbündchen

Alle Schnittteile findest du auf Schnittmusterbogen 3.

ZUSCHNITT

Gib eine Nahtzugabe vor 1 cm und eine Saumzugabe von 1,5 cm zum Schnitt hinzu.

TIPP:

Du hast kein Nahtband, der Stoff braucht aber welches? Lass einfach einen dünnen Viskosestreifen mit in die Ovi-Naht laufen. Der nichtdehnbare Stoff verhindert, dass der Strickstoff sich dehnt und dabei seine Form verliert. Das Differential der Overlock stelle ich bei Strickstoffen auf 1,3 bis 1,5.

1. Mein Feinstrick muss nicht versäubert werden, aber ich bügle zur Sicherheit noch Nahtband auf die Schultern auf. Mehr zum Nahtband findest du auf Seite 17.

2. Stecke Vorderteil und Rückteil rechts auf rechts und schließe beide Schulternähte.

3. Stecke und nähe die Ärmel rechts auf rechts in die Armlöcher. Ich habe mir den Vorderärmel mit einem kleinen „v" innerhalb der Nahtzugabe markiert, die Endpunkte für die Ärmel sind mit gelben Stecknadeln gekennzeichnet. Sieh dir gegebenenfalls zum Einnähen eines Ärmels noch die ausführlichere Anleitung auf Seite 24 an.

4. Schließe das Halsbündchen rechts auf rechts zum Ring, falte es über den Umbruch und nähe es ans Kleid. Als Hilfe hierzu gibt es auf Seite 25 eine detailliertere Anleitung. Wer mag, kann den Ausschnitt nun noch knappkantig von außen absteppen.

5. Für die Seitennähte das Kleid rechts auf rechts legen und die Strecke von Ärmel bis Schlitzmarkierung stecken, bevor du sie nähst. Wer mit der Nähmaschine näht, kann einfach bis zur Markierung für den Schlitz nähen. Overlock-Näher*innen sollten 2–3 cm vor dem Schlitz zur Nähmaschine wechseln und diese Strecke mit dem Geradstich nähen. Ich hab es auf diesem Bild schon vorher gemacht, um zu verdeutlichen, was ich meine.

6. Warum wir eben einen sauberen Abschluss brauchen, wird nun klar: Der Schlitz wird an der Nahtzugabe umgebügelt und festgesteckt.

7. Nun wird der Schlitz von einer Seite beginnend festgesteppt: Erst eine Gerade, dann mit versenkter Nadel ums Eck, das kurze Stück oberhalb des Schlitzes nähen. Nadel wieder unten lassen und Nähstück um 90 Grad drehen und die zweite Seite. Bis das Ganze so aussieht.

8. Zum Schluss werden noch die Säume an Vorder- und Rückteil sowie den Ärmeln umgeklappt und festgesteppt.

KLEID VIOLA

SCHWIERIGKEITSGRAD

Nimm dir ein bisschen Zeit und dazu einen guten Tee!

Kurzes Kleid mit weitem Arm

Viola sitzt an der Schulter schön schmal und fällt ab der Brust in leichter A-Linie.

STOFFAUSWAHL

Viskosewebware oder andere fließende Stoffe

Stoffverbrauch

230 cm (bei einer Breite von 140 cm)
Bei Stoffen ohne Musterrichtug reichen 180 cm.

DAS BRAUCHST DU

- 1x Vorderteil im Bruch
- 1x Rückteil im Bruch
- 1x Vorderteilbeleg im Bruch
- 1x Rückteilbeleg im Bruch
- 2x Ärmel gegengleich
- 2x Ärmelsaumbändchen

Alle Schnittteile findest du auf Schnittmusterbogen 3.

ZUSCHNITT

Gib eine Nahtzugabe von 1 cm sowie eine Saumzugabe von 1 5 cm zum Schnitt hinzu.

TIPP:

Nähe Violas Beleg aus kontrastfarbenem Stoff für einen extra Hingucker.

1. Versäubere die Schnittteile mit einem Zickzackstich der Haushaltsnähmaschine oder mit der Overlock. Die Ärmelsaumbändchen und die Belegteile habe ich mit dünner Einlage verstärkt.

2. Stecke das Vorderteil und das Rückteil rechts auf rechts und schließe die Schulternähte.

3. Nähe den vorderen Beleg rechts auf rechts an den hinteren Beleg – so wie zuvor Vorder- und Rückteil.

4. Bügle die Nähte von Oberteil und Beleg auseinander. Stecke den Ausschnittbeleg rechts auf rechts an das Oberteil und nähe ihn fest.

5. Schneide die Nahtzugabe vorsichtig ein und wende den Beleg, um ihn von rechts abzusteppen. Vor dem Absteppen wird er natürlich gebügelt. Auf Seite 28 ist das Einnähen von Belegen nochmal ausführlicher erklärt.

6. Stecke und nähe die Ärmel rechts auf rechts ins Armloch. Achte dabei auf die Passzeichen an Ärmel und Oberteil – sie müssen sich treffen.

7. Schließe die Seitennähte. Lege dazu das Kleid rechts auf rechts und stecke die komplette Strecke von Ärmel bis Saum, bevor du sie nähst. Achte darauf, dass die Nähte an der Achsel sich treffen und die beiden Stofflagen nicht verschoben werden.

8. Falte die beiden Ärmelsaumbändchen rechts auf rechts, sodass sich die kurzen Seiten treffen. Schließe diese zum Ring.

9. Falte die zum Ring geschlossenen Ärmelsaumbändchen nun über den Umbruch und bügle sie.

10. Kräusle den Ärmel am Saum auf die Breite des Ärmelsaumbändchens: Steppe dazu zwei parallele Linien innerhalb der Nahtzugabe. Die Nähte werden nicht verriegelt, die Fäden bleiben lang. Ziehe nun an den beiden Unterfäden, um den Stoff auf die gewünschte Länge zu bringen. Stecke die Ärmelsaumbändchen rechts auf rechts an den gekräuselten Ärmel. Knappkantig absteppen. Das Saumbändchen liegt dabei glatt, nur der Ärmel ist gekräuselt.

11. Säumen und freuen: Viola ist fertig!

BLUSENSHIRT LISA

SCHWIERIGKEITSGRAD

Nimm dir ein bisschen Zeit und dazu einen guten Tee!

Schmales Blusenshirt mit gerundetem Saumbeleg

Lisa ist etwas für Beleg-Fans und alle, die es werden wollen: Der Hingucker des Schnitts ist der schön geschwungene Saum, der mit Belegen genäht wird.

STOFFAUSWAHL

leichtere Webware
Einlage für die Belege (optional)

Stoffverbrauch

140 cm (bei einer Breite von 140 cm)

DAS BRAUCHST DU

- 1x Vorderteil im Bruch
- 1x Rückteil im Bruch
- 1x Halslochbeleg Vorderteil im Bruch
- 1x Halslochbeleg Rückteil im Bruch
- 2x Ärmel gegengleich
- 1x Saumbeleg Vorderteil im Bruch
- 1x Saumbeleg Rückteil im Bruch

Alle Schnittteile findest du auf Schnittmusterbogen 4.

ZUSCHNITT

Gib eine Nahtzugabe von 1 cm zum Schnitt hinzu. Eine Saumzugabe braucht es nicht – hier reicht auch die normale Nahtzugabe. Bei sehr dünnen Stoffen sollten die Belegteile verstärkt werden.

TIPPS:

- *Gib der Bluse beim Absteppen der Belege den für dich passenden Feinschliff: Unsichtbar und nur einfach knapp abgesteppt wirkt sie viel edler als mit zwei breiten, auffällig mit Kontrastgarn abgesteppten Belegen. Ich finde es immer schön, wenn Halsbeleg und Saumbeleg gleich genäht werden.*
- *Lisa kann auch toll aus Musselin oder Double Gauze genäht werden. Wasche diese Stoffe unbedingt vor, denn sie können extrem schrumpfen.*

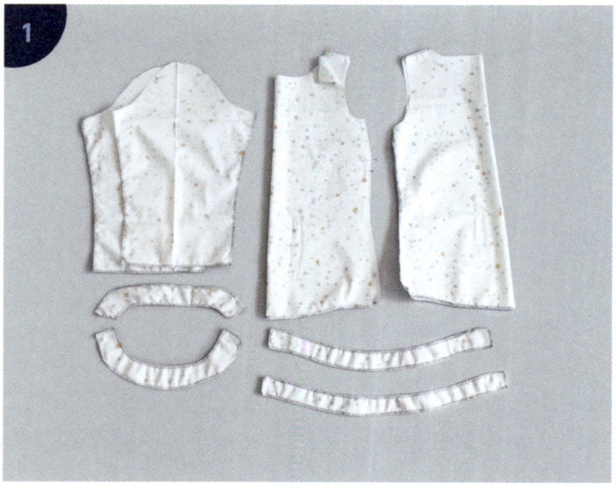

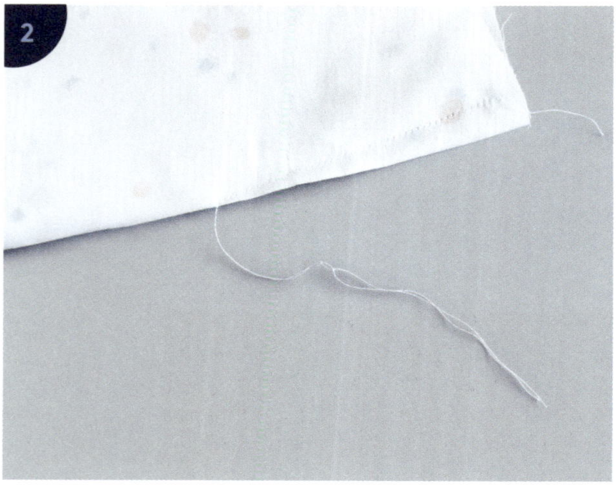

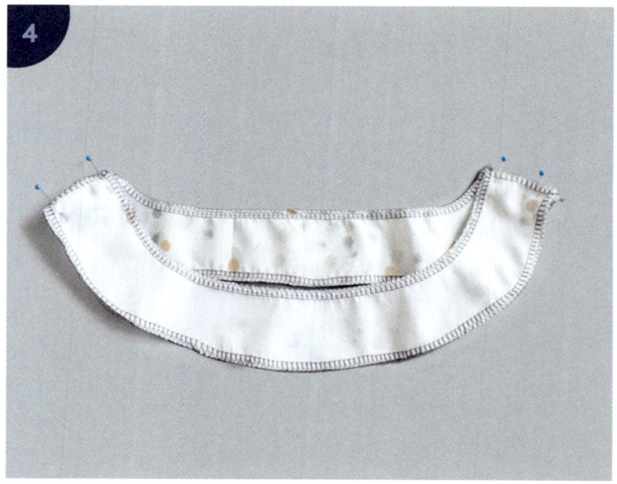

1. Versäubere die Schnittteile mit einem Zickzackstich der Haushaltsnähmaschine oder mit der Overlock.

2. Nun nähen wir die Abnäher wie auf Seite 32 beschrieben: Übertrage dazu alle Markierungen für die Brustabnäher aus dem Schnittmuster genau. Falte das eingezeichnete Dreieck so rechts auf rechts, dass die Schenkel aufeinanderliegen. Setze die Naht genau auf diese Linie und verriegle die Naht am Ende nicht. Faden verknoten und Abnäher in Form bügeln.

3. Stecke das Vorderteil und das Rückteil rechts auf rechts und schließe die Schulternähte.

4. Nähe den vorderen Halslochbeleg rechts auf rechts an den hinteren Halslochbeleg – so wie zuvor Vorder- und Rückteil.

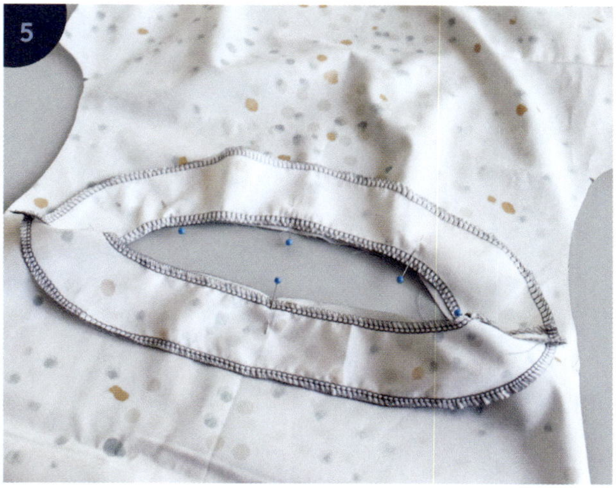

5. Bügle die Nähte von Oberteil und Beleg auseinander. Stecke den Halslochbeleg rechts auf rechts an den Ausschnitt des Oberteils und nähe ihn fest.

6. Schneide die Nahtzugabe vorsichtig ein und wende den Beleg, um ihn von rechts abzusteppen. Vor dem Absteppen wird er natürlich gebügelt. Auf Seite 28 ist das Einnähen des Belegs nochmal ausführlicher erklärt.

7. Stecke und nähe die Ärmel rechts auf rechts in die Armlöcher. Achte dabei auf die Passzeichen an Ärmel und Oberteil – sie müssen sich treffen. Der Ärmel hat eine Mehrweite, die gleichmäßig zwischen den Passzeichen verteilt werden muss.

8. Schließe die Seitennähte. Lege dazu das Oberteil rechts auf rechts und stecke die komplette Strecke von Ärmel bis Saum, bevor du sie nähst. Achte darauf, dass die Nähte an der Achsel sich treffen und die beiden Stofflagen nicht verschoben werden.

9. Schließe die beiden Saumbelege wie zuvor das Oberteil. Achte darauf, die Nahtzugabe von 1 cm einzuhalten! Zur besseren Orientierung lege ich die Beleg-Schnittteile an die Stelle, an die sie genäht werden.

10. Stecke den Beleg an den Saum und nähe ihn rechts auf rechts fest. Achte darauf, dass vorne und hinten und oben und unten dabei nicht vertauscht werden!

11. Bügle die Bluse und steppe die Belege anschließend von rechts ab.

12. Fehlt noch der Ärmelsaum: Ich schlage ihn einfach um und steppe ihn in der gleichen Breite wie die Belege fest.

STRICKPULLOVER SMILLA

SCHWIERIGKEITSGRAD

- Schaffst du locker!

Schick in Strick geht hier ganz einfach und wir brauchen nicht mal Stricknadeln!

Smilla hat leichte Fledermausärmel, weshalb der Strick nicht zu dick sein sollte – zumindest nicht, wenn dich viel Stoff unter den Armen stört. Natürlich ist Smilla flexibel und lässt sich auch aus Jersey oder dünnem Sweat nähen.

STOFFAUSWAHL

weich fallender Strick, Jersey oder leichter Sweat wie zum Beispiel Modal- oder Viskosesweat
Nahtband (optional)

Stoffverbrauch

210 cm (bei einer Breite von 140 cm)

DAS BRAUCHST DU

- 1x Vorderteil im Bruch
- 1x Rückteil im Bruch
- 2x Ärmel gegengleich
- 2x Armbündchen
- 1x Saumbündchen im Bruch
- 1x Halsbündchen
  (5 cm Breite inkl. Nahtzugabe)
  Länge:
  Gr. 34: 45,0 cm
  Gr. 36: 45,5 cm
  Gr. 38: 46,0 cm
  Gr. 40: 46,5 cm
  Gr. 42: 47,0 cm
  Gr. 44: 48,0 cm

Alle Schnittteile findest du auf Schnittmusterbogen 4 und 5.

ZUSCHNITT

Gib eine Nahtzugabe von 0,7 cm zum Schnitt hinzu, wenn du mit der Overlock nähst.

TIPP:

Bei Strickstoffen setze ich keine Knipse für die Markierungen, sondern stecke Nadeln, um den Stoff so wenig wie möglich zu beschädigen. Außerdem nutze ich die Reste vom Zuschnitt gerne, um eine Testnaht mit der Overlock zu machen. Die Overlocknaht stelle ich so breit wie möglich ein – damit erfasse ich dann alle einzelnen Garnstränge.

1. Wenn dein Strickstoff sehr dehnbar ist, bügle zumindest auf die späteren Schulternähte und eventuell sogar auf den Ärmelansatz ein Nahtband.
2. Stecke Vorder- und Rückteil rechts auf rechts und schließe eine (!) Schulternaht.
3. Stecke das der Länge nach links auf links gefaltete Halsbündchen rechts auf rechts an eine Schulter. Nähe das Bündchen an, indem du es gleichmäßig leicht dehnst.
4. Jetzt wird die zweite Schulter geschlossen. Natürlich ebenfalls rechts auf rechts. Achte darauf, dass das Bündchen schön liegt und nicht verrutscht.

5. Stecke und nähe die Ärmel rechts auf rechts in die Armlöcher. Achte dabei auf die Passzeichen an Ärmel und Oberteil – sie müssen sich treffen. Sieh dir gegebenenfalls hierzu auch die ausführlichere Anleitung auf Seite 24 an.

6. Schließe die Seitennähte. Lege dazu das Oberteil rechts auf rechts und stecke die komplette Strecke von Ärmel bis Saum, bevor du sie nähst. Achte darauf, dass sich die Nähte an der Achsel treffen und die beiden Stofflagen nicht verschoben werden.

7. Nun noch die Saum- und Armbündchen zum Ring schließen und rechts auf rechts annähen. Auf Seite 25 erkläre ich das detailliert.

8. Ziemlich chic in Strick, oder?

SHACKET SINA

SCHWIERIGKEITSGRAD

⊛ ⊛ ⊛ Mit etwas Muße wirst du mit Wunderbarem belohnt!

Lässiges Shacket mit gerundetem Saum und Belegverarbeitung

Zwar gehen die Meinungen auseinander, wie Shacket tatsächlich ausgesprochen wird, aber bei einem sind sich alle einig: Angesagt ist die Mischung aus Hemd und Jacke.

STOFFAUSWAHL

dickere Webware (zum Beispiel Flanell oder klassische Mantelstoffe)
passende Einlage

Stoffverbrauch

220 cm (bei einer Breite von 140 cm)

DAS BRAUCHST DU

- 2x Vorderteil gegengleich
- 1x Rückteil im Bruch
- 2x Saumbeleg Vorderteil gegengleich
- 1x Saumbeleg Rückteil im Bruch
- 1x Oberkragen
- 1x Unterkragen
- 2x Ärmel gegengleich
- 2x Manschette
- 2x Brusttasche
- 2x Taschenklappe
- 7 + 2 Knöpfe

Alle Schnittteile findest du auf Schnittmusterbogen 4 und 5.

ZUSCHNITT

Die Nahtzugabe beträgt 1 cm, eine Saumzugabe ist wegen der Belege nicht nötig.

TIPPS:

- *Hat dein Traumstoff einen großen Muster-Rapport, kaufe lieber etwas mehr ein, um die Schnittteile trotzdem symmetrisch auslegen zu können. Oder mach aus der Not eine Tugend: Lieber ganz am Muster vorbei als nur halb getroffen!*
- *Drehe die Taschen beim Zuschnitt um 45 Grad gegen den Fadenlauf – das sieht gerade bei kleinkarierten Karo-Stoffen spannend aus.*

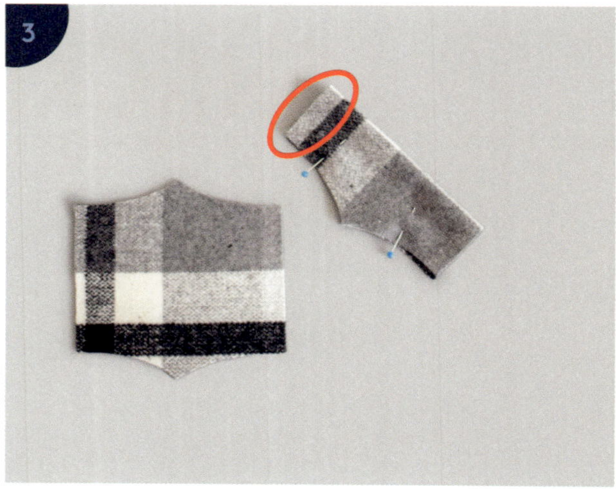

1. Schneide Vorderteile, Belege und die Kragenteile grob zu. Bebügle sie mit leichter Einlage und schneide sie dann auf das exakte Maß zu, wenn der gewählte Stoff eine Verstärkung benötigt. Die restlichen Teile, die nicht verstärkt werden, können direkt zugeschnitten werden.

2. Bügle die Nahtzugabe auf allen vier Seiten der Tasche um und steppe sie mindestens auf der Oberseite am späteren Tascheneingriff fest. Ich steppe alle Seiten, da ich die Tasche später entweder im Nahtschatten oder knappkantig aufsteppe, damit zwei Nähte sichtbar sind.

3. Falte die Taschenklappe im Umbruch rechts auf rechts und schließe sie – halte dabei eine Wendeöffnung offen. Mein Stoff ist leider relativ dick, weshalb das ganz schön mühsam ist …

4. Wende die Taschenklappe und steppe knappkantig beziehungsweise zur Absteppung der Tasche passend mindestens entlang der Seiten und im unteren Bereich, schließe dabei die Wendeöffnung. Eventuelle Knopflöcher lassen sich jetzt leichter nähen, als wenn die Klappe befestigt ist. Ich werde Druckknöpfe verwenden, deswegen nähe ich jetzt keine Löcher in die Klappe.

Eventuell verzichte ich bei meinem dicken Stoff auch auf die Knöpfe an den Taschen. Druckknöpfe bringe ich ähnlich ungern an wie Ösen.

5. Stecke Tasche und Taschenklappe auf die im Vorderteil markierten Stellen. Natürlich sind auch andere Taschenpositionen, zum Beispiel im unteren Bereich, möglich.

6. Steppe die Taschenklappe am oberen Rand knappkantig fest, die Tasche selbst an den Seiten und unten. Wiederhole Schritt 1–5 für die andere Tasche.

7. Stecke und nähe die beiden Schulternähte rechts auf rechts.

8. Stecke und nähe die Ärmel in die Armlöcher – beachte dabei die Knipse für Vorder- und Rückseite sowie Schulternaht.

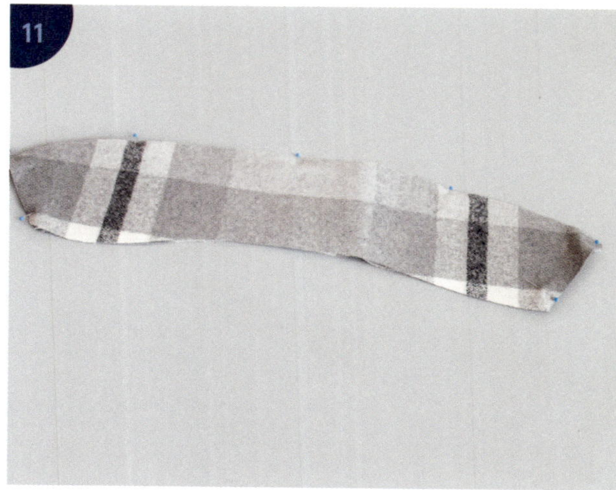

9. Schließe die beiden Seitennähte rechts auf rechts. Stecke dazu die Teile rechts auf rechts und achte darauf, dass sich die Nähte unter dem Arm treffen und sich nichts verschiebt. Vielleicht möchtest du noch ein Label oder Ähnliches in der Seitennaht mit einfassen?

10. So wie wir eben die Seitennähte geschlossen haben, schließen wir nun die Seitennähte des Saumbelegs rechts auf rechts.

11. Stecke Ober- und Unterkragen rechts auf rechts aufeinander und schließe die Nähte oben und seitlich.

12. Nahtzugabe zurückschneiden, wenden, sauber ausformen und absteppen.

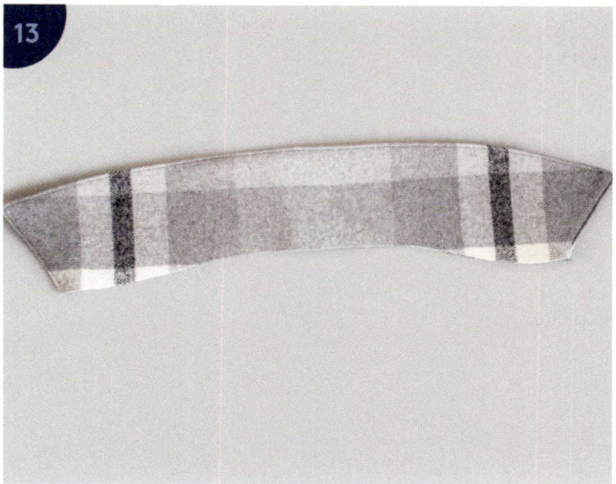

13. So sieht der fertige Kragen jetzt aus.

14. Stecke und nähe den Kragen an das Oberteil. Achte darauf, dass der Unterkragen auf dem Oberteil liegt und alle Markierungen sich treffen. Der Kragen beginnt und endet an der Markierung für die vordere Mitte. Wer mag, kann hier noch einen Versäuberungsstreifen mitfassen.

15. Der vordere Beleg (die spätere Knopfleiste) wird jetzt an der Markierung links auf links umgefaltet und, wenn möglich, gebügelt. Danach wird nochmal rechts auf rechts umgefaltet und gebügelt. Die Faltung entspricht einer Ziehharmonika. Nun wird am oberen Rand eine Naht gesetzt.

16. So sieht es nach dem Verstürzen aus.

17. Am Saum wird jetzt der Beleg rechts auf rechts über die gefaltete Knopfleiste gesteckt und festgenäht.

18. Vor dem Wenden des Saumbelegs werden noch die Rundungen eingeknipst.

19. Sauber ausformen und knappkantig absteppen. Ich steppe auch gleich noch die Knopfleiste knappkantig ab.

20. Die „falschen Manschetten" wie Bündchen rechts auf rechts zum Ring schließen und im Umbruch falten.

21. Beim Annähen den Ärmel gegebenenfalls in kleine Falten legen. Mein Stoff ist minimal dehnbar, deshalb konnte ich die Manschetten wirklich wie Bündchen leicht dehnen und auf die Weite des Ärmels bringen.

22. Fast geschafft! Fehlen noch die Knöpfe. Ich habe mich für Anorak-Druckknöpfe entschieden. Bevor ich sie anbringe, steppe ich noch die Knopfleiste auf der anderen Seite ab. Sind die Knöpfe noch nicht im Stoff, kann ich die vordere Kante als Führung benutzen, ohne an den Knöpfen hängen zu bleiben.

PARKA PIA

SCHWIERIGKEITSGRAD

Mit etwas Muße wirst du mit Wunderbarem belohnt!

Parka mit Innenfutter und verdecktem Reißverschluss

Oilskin, Friesennerz, Canvas, Softshell oder Mantelstoff: Pia kommt mit allen klar und ist für einen Parka erstaunlich schnell genäht.

STOFFAUSWAHL

Webware (Oilskin, Canvas, beschichtete Webware, klassische Jackenstoffe oder Softshell) + zum Stoff passende Einlage Futterstoff

Stoffverbrauch

Oberstoff: 250 cm (140 cm breit)
Futterstoff: 185 cm (140 cm breit)

DAS BRAUCHST DU

Oberstoff

- 2 x Vorderteil gegengleich
- 1 x Rückteil im Bruch
- 2 x Vorderteilbeleg gegengleich
- 1 x Rückteilbeleg
- 2 x Kapuzenseitenteil gegengleich
- 1 x Kapuzenmittelstreifen
- 2 x Ärmel gegengleich
- 1 x Reißverschlussblende
- 1 x Reißverschlussuntertritt
- 2 x Tasche
- 2 x Taschenklappe
- 2 x Kapuzenbeleg gegengleich
- 6 Anorak-Knöpfe
- 1 teilbarer Reißverschluss mit 70 cm (kürzer ist möglich, der Reißverschluss endet unten nicht bündig)

Futterstoff

- 1 x Rückteil-Futter im Bruch
- 2 x Vorderteil-Futter gegengleich
- 2 x Ärmel-Futter gegengleich
- 2 x Kapuzenseitenteil gegengleich
- 1 x Kapuzenmittelstreifen

Alle Schnittteile findest du auf Schnittmusterbogen 5 und 6.

ZUSCHNITT

Die Nahtzugabe beträgt 1 cm, eine Saumzugabe ist wegen der Belege nicht nötig.

TIPPS:

- *Beim Kürzen oder Verlängern des Parkas immer daran denken, dass neben Vorder- und Rückteil aus beiden Stoffen auch die Vorderteilbelege sowie Blende und Untertritt verändert werden müssen.*
- *Um bei vielen ähnlichen Schnittteilen nicht den Überblick zu verlieren, markiere ich sie mit kleinen Klebezetteln oder hefte die Schnittteile daran.*
- *Stoffauswahl: Bedenke, dass der Oberstoff zum Futter passen muss. Ein extrem fleckenanfälliges Futter in einem Oilskin, den man nicht waschen kann, ist keine gute Wahl.*

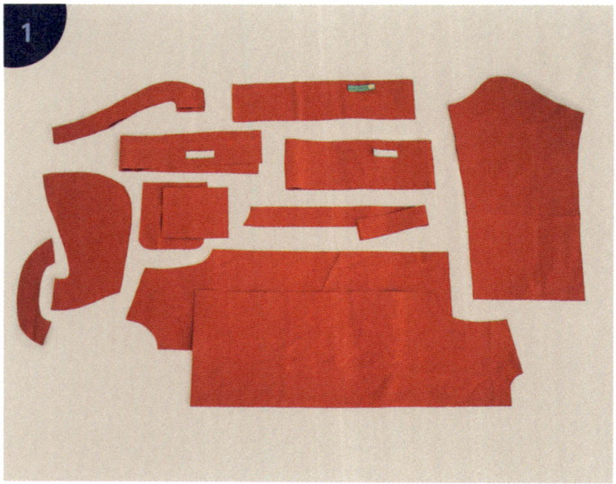

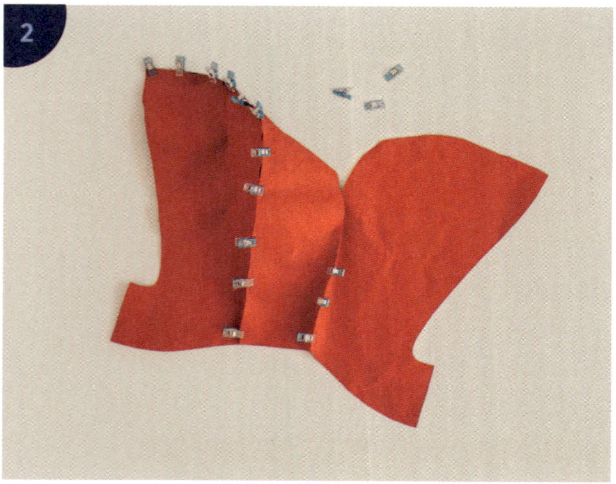

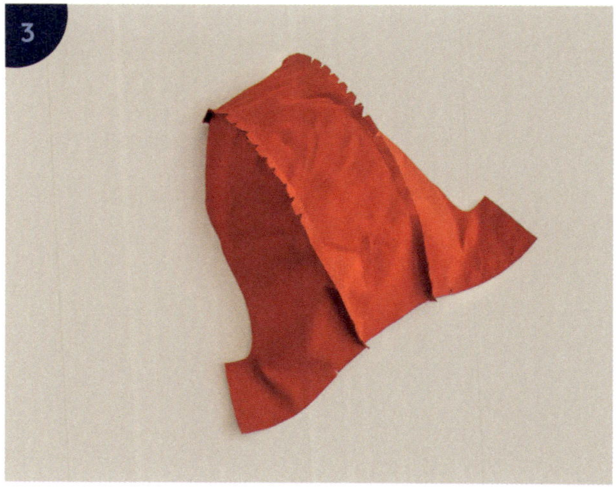

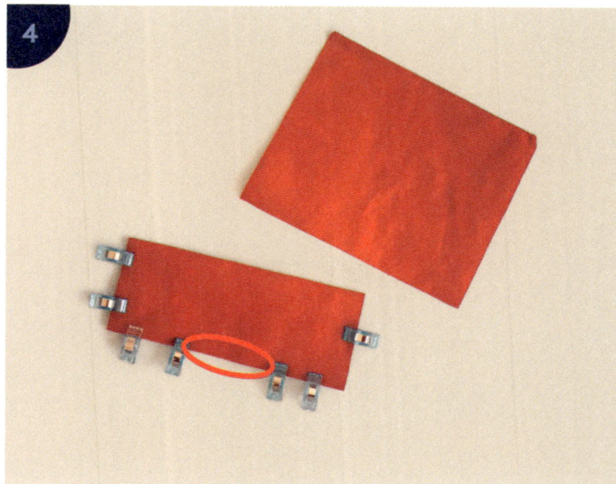

1. Schneide die Belege und die Reißverschlussblende grob zu. Bebügle sie mit leichter Einlage und schneide sie dann exakt zu, wenn der gewählte Stoff eine Verstärkung benötigt. Die unverstärkten Teile können direkt zugeschnitten werden. Im Bild sind nur die Teile aus Außenstoff zu sehen.

2. Ich starte mit der Kapuze, um die Zahl der Schnittteile zu reduzieren. Stecke die beiden Kapuzenseitenteile rechts auf rechts an den Kapuzenmittelstreifen und nähe sie fest.

3. Nun werden die Nahtzugaben in der Rundung eingeschnitten. Wer möchte, kann die Nähte noch von rechts absteppen und so die Form der Kapuze noch etwas betonen. Bedenkt jedoch, dass, je nach verwendetem Material, jeder Nadelstich die Wetterfestigkeit des Parkas beeinträchtigt. Gegebenenfalls müssen die Nähte noch von links versiegelt werden.

4. Falte die Taschenklappe im Umbruch rechts auf rechts und schließe die offenen Kanten – halte dabei an der langen Seite eine Wendeöffnung offen. Jetzt wäre ein guter Moment, um über die nötige Verstärkung für Knopflöcher oder eine andere Verschlussart nachzudenken. Ich verzichte ganz auf einen Verschluss.

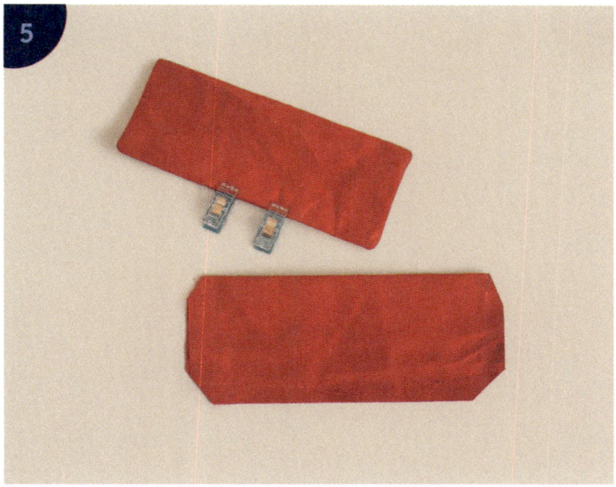

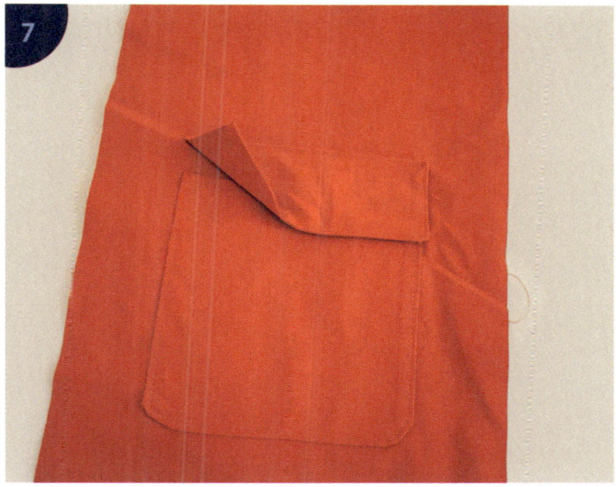

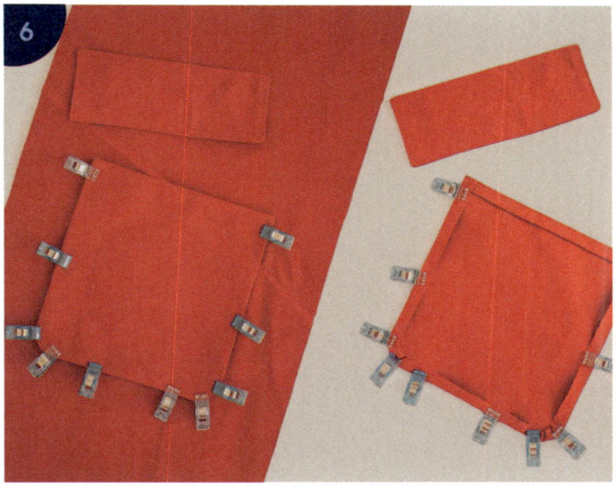

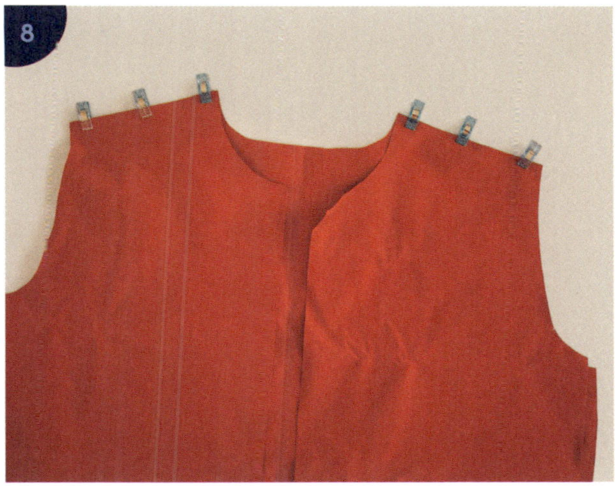

5. Die Wendeöffnung muss nicht geschlossen werden – theoretisch kann sich die Seite mit der Wendeöffnung später oben befinden und beim Annähen auf das Vorderteil geschlossen werden. Ich möchte aber noch absteppen und schließe sie deshalb schon bei diesem Arbeitsschritt.

6. Bügle die Nahtzugabe an der Oberseite des Taschenbeutels zweimal um und steppe sie fest. Auf den anderen drei Seiten der Tasche wird die Nahtzugabe sauber nach links geschlagen. Wenn man den Stoff gut bügeln kann, schneidet euch eine Bügelschablone aus Pappe aus dem Schnittteil zu und bügelt die Tasche so in die perfekte Form. Mein Oilskin mag das nicht, deshalb klammere ich, was das Zeug hält. Eine praktische Alternative zu den Klammern wäre auch Wondertape. Nun wird der Taschenbeutel auf das Vorderteil gesteckt und an drei Seiten knappkantig aufgenäht.

7. Die Klappe steppe ich mit etwas Abstand über die Tasche. Am Anfang und Ende der Naht ordentlich verriegeln und gegebenenfalls auch eine kleine Raupe steppen – damit alles schön fest ist.

8. Stecke die beiden Vorderteile und das Rückteil rechts auf rechts und schließe die Schulternähte. Ich steppe die Naht noch knappkantig ab.

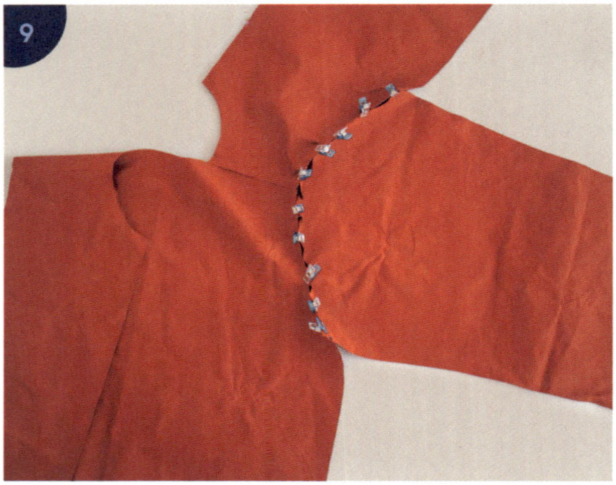

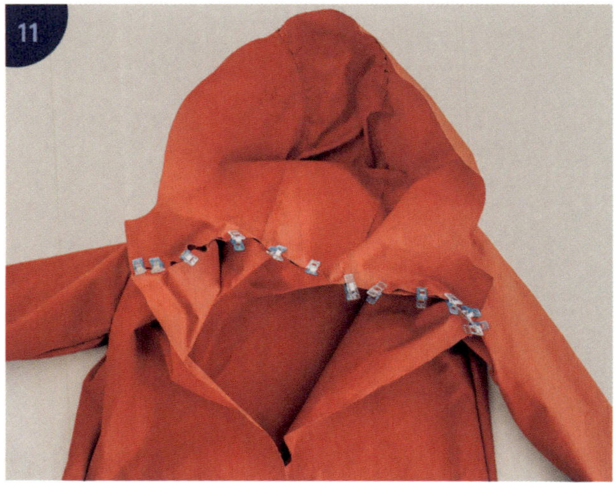

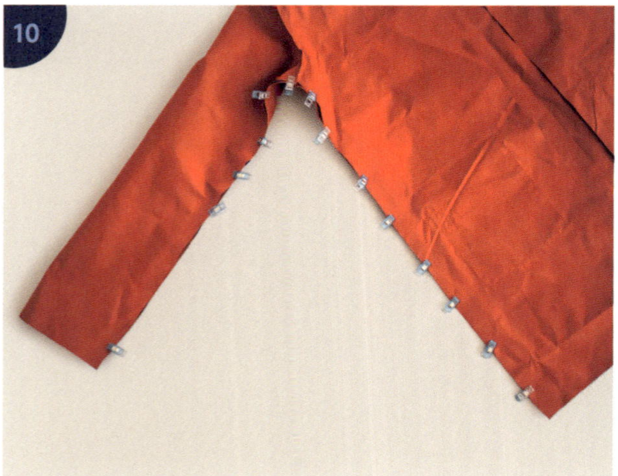

9. Stecke und nähe die Ärmel in die Armlöcher. Der Ärmel selbst hat Einhalteweite, die zwischen den Markierungen für Vorder- und Rückseite verteilt werden muss! Wenn du schon etwas Erfahrung mit dem Einnähen von Ärmeln hast, nähe gerne auch zuerst die Seitennähte von Punkt 10 und nähe den Ärmel danach im geschlossenen Zustand ein. Das wäre die korrekte Vorgehensweise. Ich bevorzuge jedoch die erste (einfachere) Methode, da die Erfolgsquote deutlich höher ist.

10. Schließe die beiden Seitennähte rechts auf rechts.

11. Stecke und nähe die Kapuze rechts auf rechts an die Jacke.

12. Bevor es mit Belegen und Reißverschluss ernst wird, wenden wir uns dem Futter zu. Das sind alle Schnittteile.

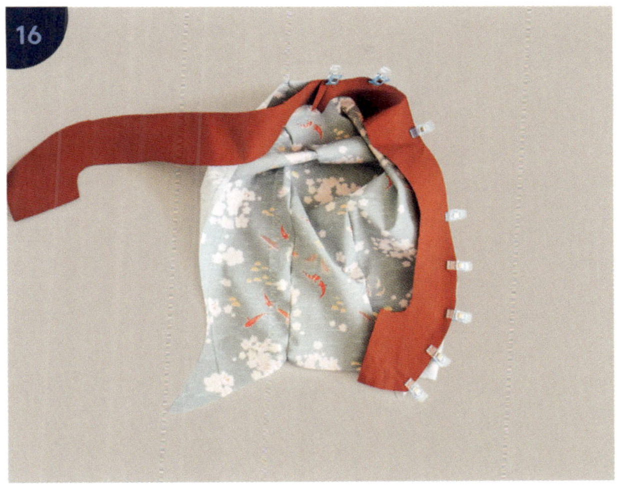

13. Das Rückteil des Futters braucht im Vergleich zum Rückteil aus Oberstoff etwas mehr Breite, da wir eine Bewegungsfalte einarbeiten. Hierfür sind Markierungen eingezeichnet, an denen der Stoff zur Mitte gelegt werden muss. Ob aus der Mehrweite eine Kellerfalte, eine Quetschfalte oder gar eine einseitige Falte gelegt wird, ist nicht relevant. Die Falte wird sowohl oben als auch unten am Saum gelegt und innerhalb der Nahtzugabe festgesteppt.

14. Stecke die beiden Kapuzenseitenteile rechts auf rechts an den Kapuzenmittelstreifen und nähe sie fest – genauso wie zuvor beim Außenstoff.

15. Nähe den Kapuzenbeleg am oberen Ende rechts auf rechts zusammen.

16. Stecke und nähe den Kapuzenbeleg rechts auf rechts an die Futter-Kapuze.

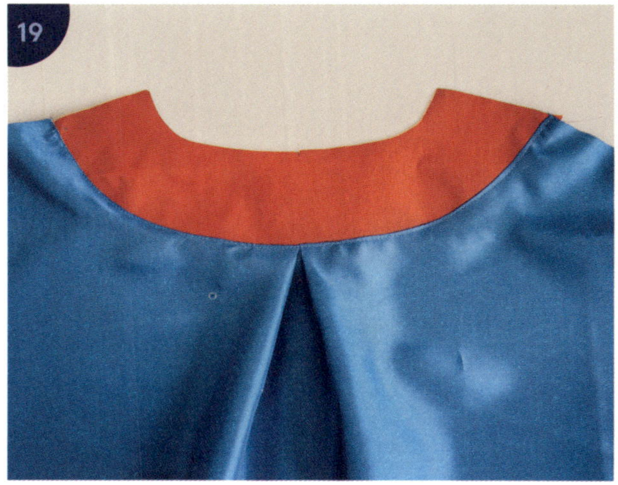

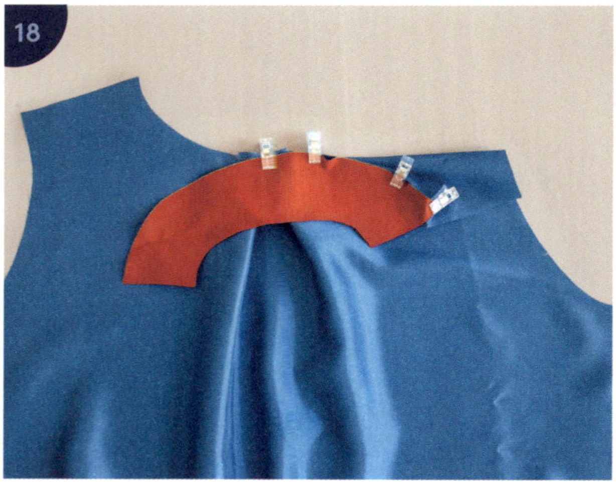

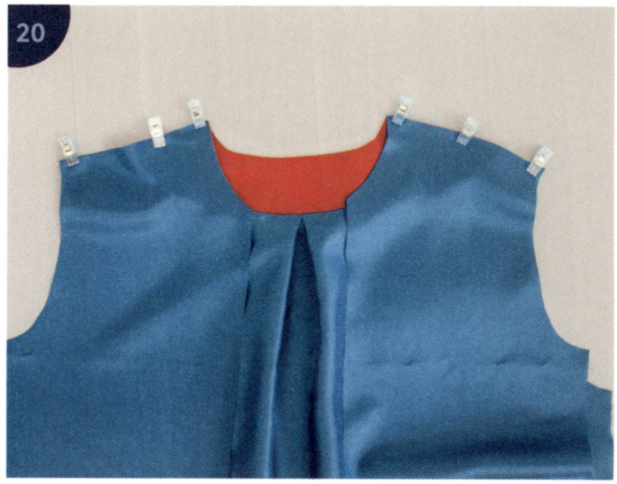

17. Schneide die Rundungen innerhalb der Nahtzugabe ein und steppe die Naht gegebenenfalls nochmal knappkantig von rechts ab.

18. Stecke und nähe den Rückteilbeleg rechts auf rechts an das Futter-Rückteil.

19. Steppe den Beleg nochmal knappkantig ab. Ich habe übrigens alle Futterstoffteile mit einer Microtex-Nadel und reduzierter Stichlänge (2 mm) genäht.

20. Stecke und nähe die Futter-Vorderteile rechts auf rechts an das Futter-Rückteil.

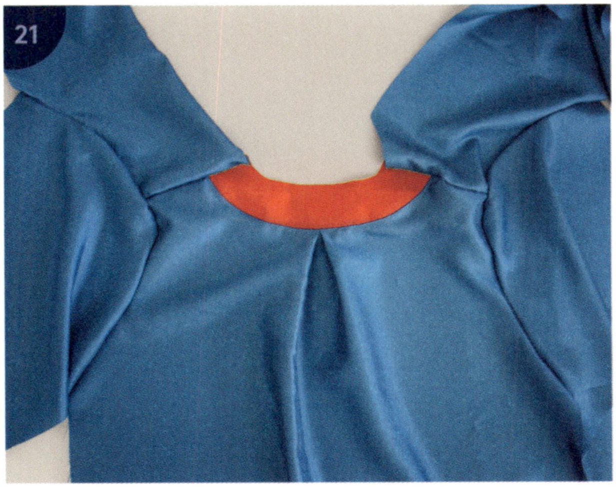

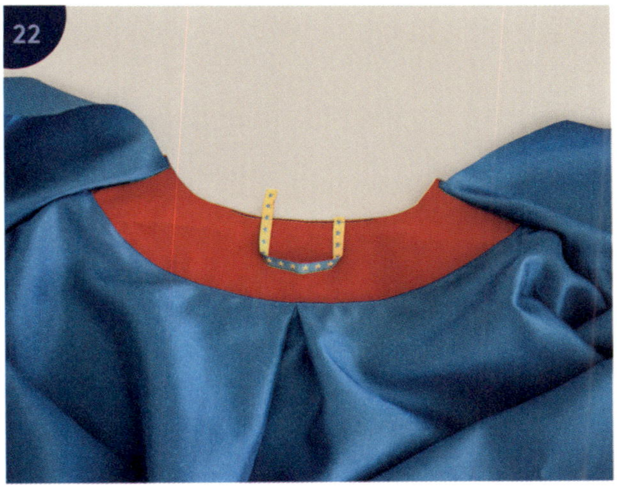

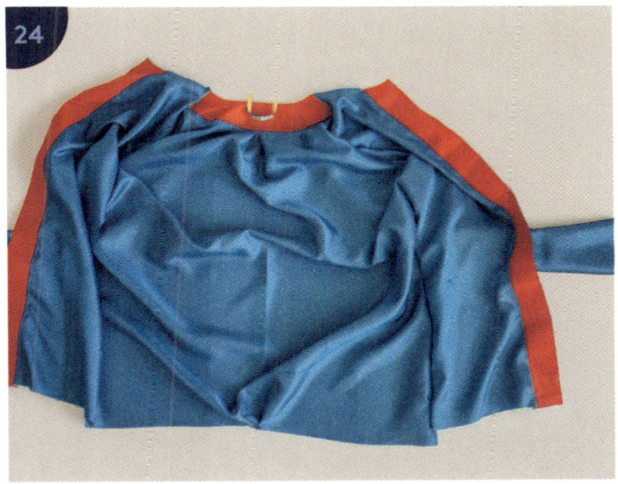

21. Nähe die Ärmel des Futterteils wie zuvor die Ärmel aus Oberstoff fest. Schließe danach die Seitenteile rechts auf rechts – ebenfalls wie beim Außenstoff. Lass hier eine Wendeöffnung in ausreichender Größe auf einer Seite.

22. Jetzt wäre der richtige Zeitpunkt, um einen Aufhänger, dein Label oder ein Etikett anzubringen.

23. Stecke und nähe die Belegteile des Vorderteils rechts auf rechts an das Futter-Vorderteil.

24. Nun wird mal wieder knappkantig abgesteppt ...

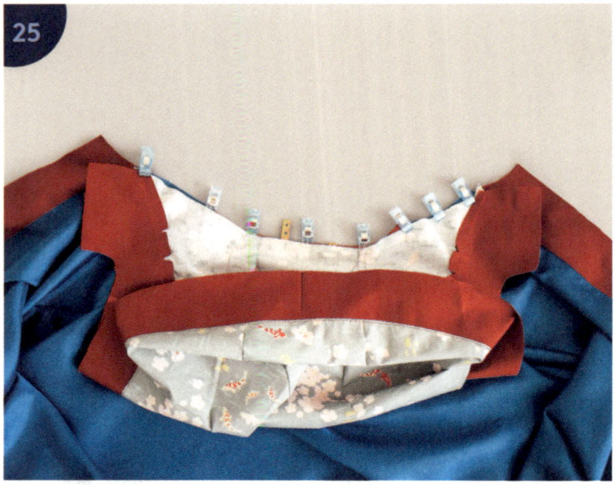

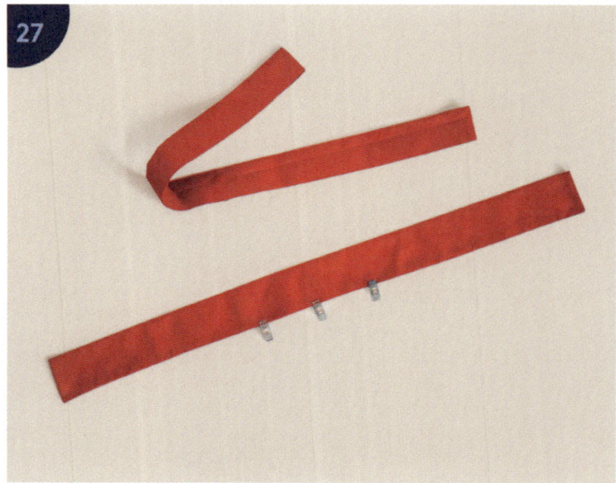

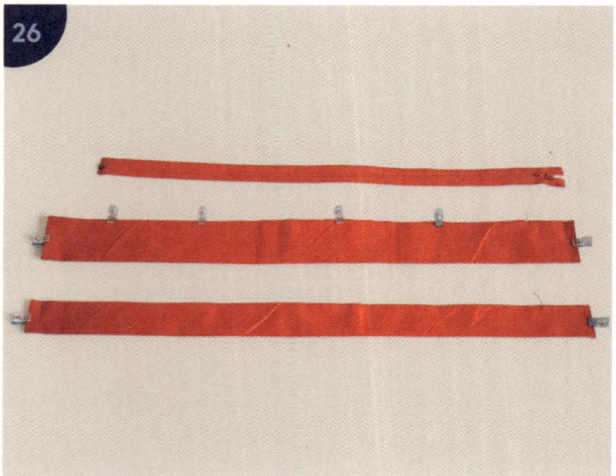

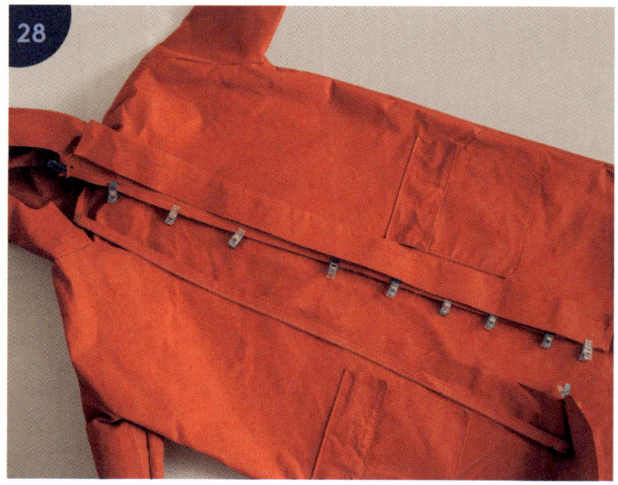

25. ... bevor die Futter-Kapuze rechts auf rechts an das Futter gesteckt und festgenäht wird.

26. Jetzt haben wir zwei Jacken, aus denen wir noch eine machen müssen. Zuvor kommt aber noch der Reißverschluss an die Außenjacke. Kümmern wir uns also um die letzten zwei Einzelteile: Die Reißverschlussblende und der Untertritt werden jeweils im Umbruch rechts auf rechts gefaltet. Achtung: Denkt kurz über Knöpfe nach. Eventuell müsst ihr die Blende verstärken und wenn ihr die Knöpfe von außen nicht sichtbar haben wollt, müsst ihr sie jetzt schon anbringen. Ich nähe die Blende ringsherum zu, lasse aber eine Wendeöffnung auf der langen Seite. Beim Untertritt nähe ich die kurzen Seiten rechts auf rechts zu und wende dann. Die lange Seite bliebt also offen, sie wird später eingenäht.

27. Gewendet mit noch offener Wendeöffnung sieht das jetzt so aus. Beide Teile können noch abgesteppt werden. Entweder die Wendeöffnung wird dabei zugesteppt, oder nachher beim Aufsteppen – in jedem Fall muss eine der beiden langen Seiten nicht abgesteppt werden, da sie nachher angenäht wird.

28. Keine Angst vor dem Reißverschluss, er tut nichts! Wir teilen ihn erst mal und stecken ihn rechts auf rechts an eine der beiden Seiten. Der Untertritt

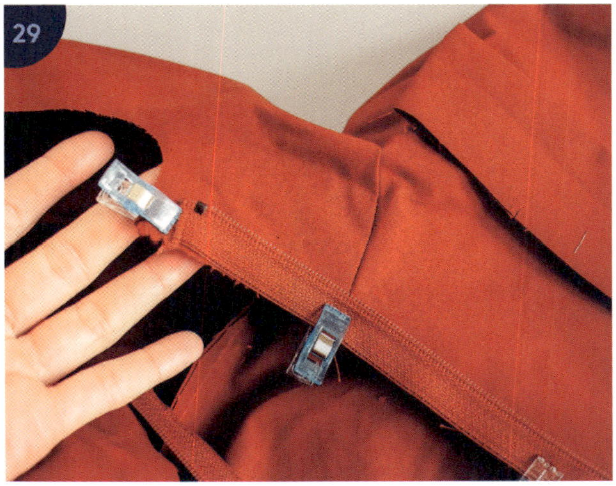

kommt hier gleich drüber und wir nähen in einem Schritt Reißverschluss und Untertritt an.

29. So sieht der Ansatz des Reißverschlusses oben aus. Außerdem sieht man den Knips im Untertritt gut – er muss gleich auf die Naht von Kapuze und Vorderteil treffen.

30. Die erste Seite sitzt! Hier sieht man, wie der Reißverschluss über dem Untertritt aufhört. Wer einen etwas kürzeren oder längeren Reißverschluss hat, hat hier also mehr oder weniger Abstand. Später wird das durch die Blende verdeckt.

31. Der zweite Teil des Reißverschlusses wird genauso eingenäht. Schließe hier zuerst den Reißverschluss und markiere, an welcher Stelle die Naht der Kapuze ist. Öffne ihn wieder und stecke ihn rechts auf rechts so an die zweite Seite, dass die Markierung an der Naht ist.

32. Die Blende wird, zumindest wenn sie wie in meinem Fall aus Oilskin ist, am einfachsten mit Wondertape positioniert und dann festgesteppt. Sie geht über die komplette Vorderseite. Denke aber an die Nahtzugabe oben und den Saumbeleg unten am Vorderteil – die Blende endet vorher.

33. Für die Kapuze ist ein Tunnelzug vorgesehen, der nun noch eine Öse benötigt (siehe Seite 30). Ich entscheide mich dafür, die Öse im Futterteil der Kapuze zu haben. Natürlich kann sie an derselben Position auch in den Oberstoff geschlagen werden. Wer die Druckknöpfe an Blende und Vorderteil bisher noch nicht positioniert hat, muss jetzt ran: Bei Oilskin geht das ganz einfach mit einer Nadel.

34. Jetzt wird es spannend! Wir wenden Außen- und Futterjacke auf links und stecken beide aneinander. Beim Reißverschluss wird auf der vorherigen Naht genäht. Ich finde es einfacher, wenn man nicht alles in einem Rutsch näht, sondern die Teilstücke nacheinander. Erst die Kapuze, dann die beiden Seiten und zuletzt die untere Kante. Alles, was später an der Jacke sichtbar sein soll, also Blende und Reißverschussbeleg, wird zur Seite geklappt und nicht mit festgenäht.

35. An der unteren Kante sieht es so aus. Achtung, wer keine Wendeöffnung in der Seitennaht des Futters gelassen hat, muss sie nun hier einplanen!

36. Bevor gewendet wird, muss die Nahtzugabe in den Rundungen der Kapuze eingeschnitten werden. Danach wird gewendet und ausgeformt.

37. Ein letzter komplizierter Arbeitsschritt: Die Ärmel müssen noch gesäumt werden. Das Futter ist kürzer als der Außenstoff, da dieses nicht sichtbar sein soll. Stecke den Futterärmel links auf links in den Außenärmel. Er muss genau so im Ärmel stecken, wie er später sein soll – auf keinen Fall verdreht! Fixiere diese Position am Ärmelsaum mit ein, zwei Stichen oder Klammern.

38. Greife jetzt in die Wendeöffnung und ziehe den Ärmel heraus. Ich greife wirklich genau an die geklammerte Stelle, damit sich nichts löst. Nun wird „außerhalb" des Mantels die zuvor gesteckte Naht sauber rechts auf rechts gesteckt und genäht. Dabei unbedingt darauf achten, dass nichts mehr verdreht wird und die beiden Nähte sich treffen.

39. Zieht man den Ärmel wieder durch das Futter hindurch, sieht er nun so aus. Wer möchte, steppt noch ab.

40. Trommelwirbel! Der Parka ist fertig! Na gut, fast, denn ich habe noch die Kapuze und den Reißverschluss knappkantig abgesteppt. Der Tunnelzug muss auch noch ergänzt werden.

WINTERLICHE ACCESSOIRES

SCHWIERIGKEITSGRAD

Schaffst du locker!

Mütze, Fäustlinge und Neck (Fake-Rollkragen) sind die perfekten Begleiter für die kühlere Jahreszeit

Farblich passende Accessoires sind das Ding und man kann sie ganz einfach aus den Resten der anderen Projekte nähen.

STOFFAUSWAHL

dickerer Jersey, Sweat, Strick, Fleece, alle anderen dehnbaren Materialien, für die Handschuhe noch zusätzlich Bündchenware

Stoffverbrauch

Mütze: 25 cm (bei 125 cm Stoffbreite, wenn alles aus einem Stoff genäht wird)

Fäustlinge: 30 x 90 cm plus Bündchenstoff

Neck: 25 cm (bei 120 cm Breite)

DAS BRAUCHST DU

Mütze:

- 2x Mütze im Bruch

Neck:

- 1x Vorderteil im Bruch
- 1x Rückteil im Bruch
- 1x Kragen

Fäustlinge:

- 2x Handrücken gegengleich
- 2x Innenseite oben gegengleich
- 2x Innenseite unten gegengleich
- Bündchen:
  Gr. S: 16 cm
  Gr. M: 18,5 cm
  Gr. L: 21 cm bei etwa 20 cm Länge

Alle Schnittteile findest du auf Schnittmusterbogen 6.

ZUSCHNITT

Alle Teile bekommen eine Nahtzugabe von 1 cm und können mit der Haushaltsnähmaschine genäht werden.

TIPP:

Auch ausgemusterte Kleidungsstücke wie zum Beispiel Strickpullover lassen sich bestens noch zu Accessoires vernähen. Angestrickte Bündchen verleihen den Teilen dabei einen besonderen, individuellen Look.

MÜTZE

1. Falte je ein Viertel der Mütze rechts auf rechts nach innen. Die Bögen am oberen Ende liegen dabei genau aufeinander. Nähe die beiden äußeren Viertel vom seitlichen Bruch bis zur Spitze (links im Bild). Drehe dann die Mütze und nähe die verbliebenen zwei Viertel in einem zu (rechts im Bild).

2. Das wird sowohl beim Außen- als auch beim Innenteil so gemacht. Beim Innenteil wird jedoch eine Wendeöffnung gelassen.

3. Die Mützen werden nun rechts auf rechts ineinander gesteckt und festgenäht.

4. Jetzt nur noch wenden (wer mag, schließt noch die Wendeöffnung) und Saum umschlagen. Fertig ist die Mütze.

NECK

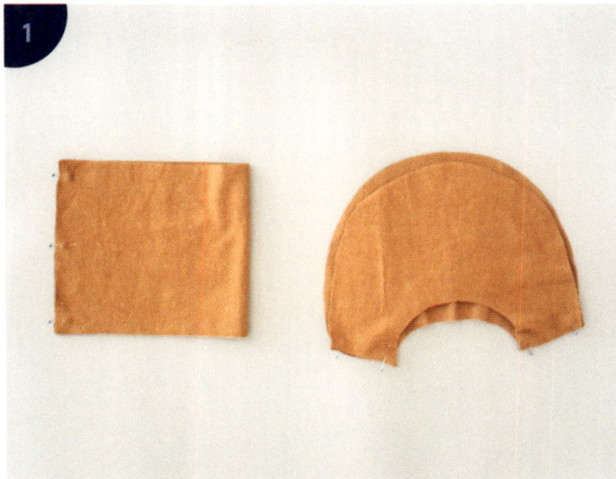

1. Schulternähte von Vorder- und Rückteil rechts auf rechts schließen, Kragen rechts auf rechts zum Ring schließen.
2. So sieht das dann aus. Theoretisch können Vorder- und Rückteil gedoppelt werden, ich spare mir die Arbeit und versäubere die Kante einfach mit der Overlock. Der Kragen wird am Umbruch noch links auf links gefaltet.
3. Der Rollkragen wirc nun rechts auf rechts in den Halsausschnitt gesteckt und festgenäht.
4. Fertig!

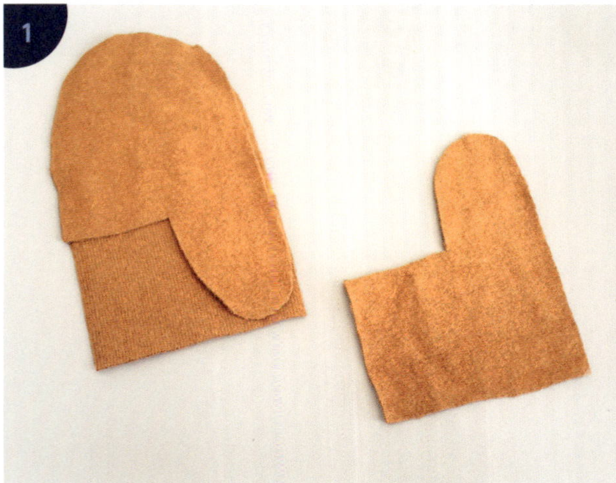

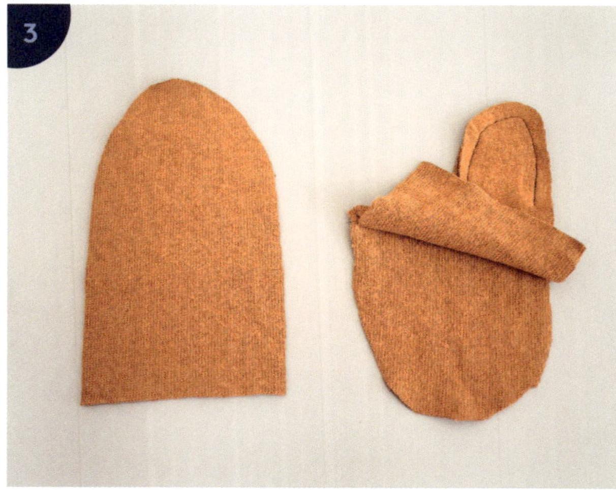

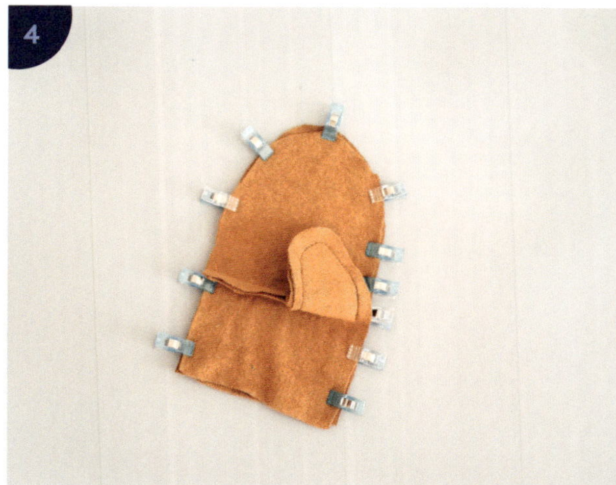

1. Ich sortiere zuerst meine Teile: Im Bild sieht man Handrücken, darauf die Innenseite unten und daneben die Innenseite oben.
2. Innenseite unten und Innenseite oben werden jetzt rechts auf rechts zusammengesteckt ...
3. ... und wie im Bild zu sehen genäht.
4. Nun werden sie rechts auf rechts an den Handrücken genäht.

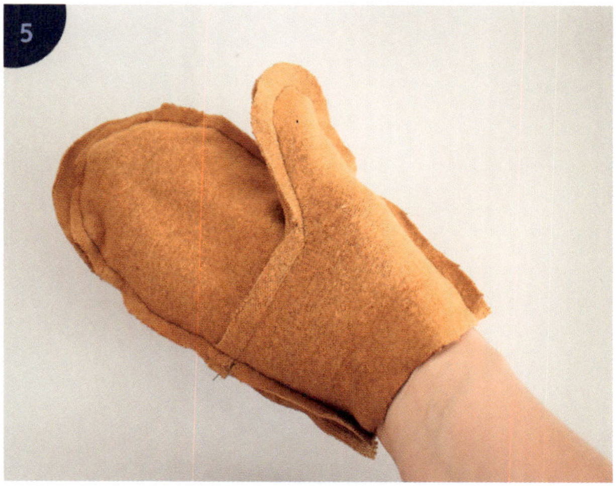

5. Kurzer Passform-Check, bevor es mit dem Bündchen weitergeht.

6. Wer hat, kann auch super auf Fertig-Bündchen zurückgreifen, ich entscheide mich für farblich passende Ringelbündchen und schneide diese in meiner Größe zu.

7. Zum Ring geschlossen und zur Hälfte gefaltet, werden sie nun rechts auf rechts in den Handschuh gesteckt und festgenäht.

8. Wenden und fertig ist der Handschuh. Nun noch einmal von vorne für Nummer zwei!

AUTORIN

In die erste eigene Wohnung zog leihweise Mutters alte Nähmaschine mit ein und aus „nur mal ein bisschen Probieren" wurde sehr schnell ein neues Hobby und die alte Maschine durfte besseren Modellen Platz machen.

Seit 2012 bloggt die Designerin unter aennisews und seit 2016 hat sie Hobby und Beruf miteinander vereint und entwirft unter anderem auch Stoffdesigns sowie Zubehör. 2021 erschien ihr erstes Buch Hej. Skandi-Chic, im Frühjahr 2022 folgte Hej. Skandi-Chic 2.

HERZLICHEN DANK AN

... meine Familie, die mich auch beim dritten Buch wieder tatkräftig unterstützt hat.

... den ganzen EMF-Verlag – vor allem Isabella & Sarah.

... die großzügigen Sponsoren, dank denen ich mich mit schönsten Materialien eindecken durfte: Alles für Selbermacher, Buttinette, Snaply, MT Stofferie und Rico Design.

... Eva, für die Umsetzung meiner Schnittideen.

... die mutigen Probenäherinnen für die Unterstützung.

... meine Montags-Mädels – für einfach alles!

Anja wohnt mit ihrer Familie in Stuttgart, wo sie als selbstständige Grafik-Designerin arbeitet.

Schon in ihrer Kindheit schnitt sie Löcher in ausgemusterte Socken, um ihren Puppen neue Kleider zu verpassen – seit dem Upcycling von damals ist einiges geschehen.

NOCH MEHR BÜCHER

Hej. Skandi-Chic – Kleidung nähen
978-3-7459-0054-5
24,00 € (DE) / 24,70 € (AT)

Hej. Skandi-Chic – Band 2 – Lieblingskleidung nähen
978-3-7459-0890-9
20,00 € (DE) / 20,60 € (AT)

Hej. Skandi-Mom – Stylische Kleidung nähen für Schwangerschaft, Stillphase und die Zeit danach
978-3-7459-0948-7
22,00 € (DE) / 22,70 € (AT)

Dress like Minnie – Das inoffizielle Nähbuch für alle Disney-Fans
978-3-7459-0892-3
22,00 € (DE) / 22,70 € (AT)

IMPRESSUM

Bibliografische Information der Deutschen Bibliothek.

Die Deutsche Bibliothek verzeichnet diese Publikation in der Deutschen Nationalbibliografie.

Detaillierte bibliografische Daten sind im Internet über http://www.dnb.de/abrufbar.

EIN BUCH DER EDITION MICHAEL FISCHER

1. Auflage 2022

Layout: Meritt Hettwer

Cover: Vinzenz Dürr

Satz: Lara Nelles (schere.style.papier), München

Produktmanagement und Lektorat: Sarah Holzwarth, Holzkirchen

Fotos: © Corinna Teresa Brix, München (Cover- und Projektfotos),
alle weiteren Fotos: Anja Roloff

Schnittkonstruktion: Eva Küpper, Remagen

ISBN: 978-3-7459-0890-9

Gedruckt bei Polygraf Print, Čapajevova 44, 08001 Prešov, Slowakei

www.emf-verlag.de